ONDE ESTÁ TUDO AQUILO AGORA?

A marca FSC® é a garantia de que a madeira utilizada na fabricação do papel deste livro provém de florestas que foram gerenciadas de maneira ambientalmente correta, socialmente justa e economicamente viável, além de outras fontes de origem controlada.

FERNANDO GABEIRA

Onde está tudo aquilo agora?

Minha vida na política

COMPANHIA DAS LETRAS

Copyright © 2012 by Fernando Gabeira

Grafia atualizada segundo o Acordo Ortográfico da Língua Portuguesa de 1990, que entrou em vigor no Brasil em 2009.

Capa
Alceu Chiesorin Nunes

Imagem de capa
Copyright © by Pedro Garrido

Preparação
Márcia Copola

Checagem
Valéria Copola

Revisão
Ana Maria Barbosa
Adriana Cristina Bairrada

Dados Internacionais de Catalogação na Publicação (CIP)
(Câmara Brasileira do Livro, SP, Brasil)

Gabeira, Fernando, 1941-
  Onde está tudo aquilo agora? : minha vida na política / Fernando Gabeira — 1ª ed. — São Paulo : Companhia das Letras, 2012.

  ISBN 978-85-359-2198-4

  1. Brasil - Políticos - Biografia 2. Gabeira, Fernando, 1941 - I. Título.

12-12668	CDD-320.092

Índice para catálogo sistemático:
1. Brasil : Políticos : Biografia   320.092

[2012]
Todos os direitos desta edição reservados à
EDITORA SCHWARCZ S.A.
Rua Bandeira Paulista, 702, cj. 32
04532-002 — São Paulo — SP
Telefone (11) 3707-3500
Fax (11) 3707-3501
www.companhiadasletras.com.br
www.blogdacompanhia.com.br

ONDE ESTÁ TUDO AQUILO AGORA?

1.

No momento em que escrevo, ainda estou vivo. Quero dizer que não esgotei meus papéis históricos. Cinquenta anos de vida pública. Não pretendo concluir, apenas fechar um ciclo. "O passado é um país estrangeiro, fazem coisas estranhas por lá", escreve L. P. Hartley no romance *O mensageiro*. Concordo somente com o final: "fazem coisas estranhas por lá".

Avenida Garibaldi, 407, Juiz de Fora, Minas Gerais. Nasci ali, em 17 de fevereiro de 1941, perto do rio Paraibuna. Só fui me interessar pela saga dos Garibaldi, as batalhas de Giuseppe, o sofrimento de Anita, quando se comemoraram os duzentos anos de nascimento do herói italiano. Tarde demais. Digo isso porque Pedro Nava, que se lembra de tudo, afirmava que nosso lado da cidade era o mais avançado politicamente.

Juiz de Fora era cortada pela rua principal, a Halfeld, que descia do morro do Imperador até a estação de trem. Do lado direito da Halfeld morava, segundo Nava, "toda uma estrutura social bem-pensante e cafardenta que, se pudesse amordaçar a vida e suprimir o sexo, não ficaria satisfeita". Entregues a si próprios, garante o velho escritor, forrariam o espaço de lã e caiariam a natureza de ocre.

Vivi do lado esquerdo da cidade. Para Nava, o lado mais alegre, menos moralista, mais revolucionário. Éramos os guelfos contra os gibelinos, facções políticas que lutaram uma contra a outra na Itália desde o século XII. Os guelfos eram mais democráticos e racionalistas. Um dos grandes líderes guelfos mineiros foi Duarte de Abreu, que deu nome à minha primeira escola pública. Duarte de Abreu ganha uma única menção no livro de Nava: excelente pessoa, péssimo político.

Assim como a história dos Garibaldi, a de Duarte de Abreu nunca me interessou. Há sempre a tentação de vasculhar a infância em busca de sinais de predestinação. Não funciona no meu caso. Para dizer a verdade, eu não via a cidade dividida por uma rua — havia tesão em ambos os lados, impulsos repressivos em ambos.

Nasci sob as tempestades de alto verão. Meu pai saía de casa de canoa para buscar o que nos faltava. Faltava pouco. Vivíamos nos fundos do armazém de secos e molhados. "Molhados", creio, era uma alusão à cachaça, que os fregueses tomavam fazendo careta, estalando os lábios e cuspindo. Despejavam um pouco da bebida no chão e diziam que era para o santo, sem nomeá-lo.

Da primeira infância, há poucos relatos familiares. Tive quebradeira e fui operado para alinhar os testículos, pois só se podia corrigir o problema com cirurgia. Da guerra, lembro-me somente de uma cobra fumando, símbolo das forças brasileiras. "A cobra vai fumar" anunciava uma situação de conflito, de confusão iminente, assim como "A vaca vai para o brejo" descrevia o fracasso. Eu não entendia o poder daquela cobra; pode ser que estivesse na fumaça que derrubava soldados inimigos pelos campos estrangeiros. A cobra talvez fumasse um mata-ratos daqueles, um Saratoga, o mais barato do nosso armazém.

As chuvas de fevereiro inundaram as margens do Paraibuna.

Nossa casa era a um quilômetro do rio. Imagino que a zona boêmia, onde moravam as putas mais populares, praticamente submergiu. Imagino também que ficaram secos apenas os paninhos que dormiam nos varais, depois de cada noite. Não se usava papel higiênico. Isso veio muito mais tarde, não sei quando. Nava talvez soubesse, mas morreu sem que eu pudesse perguntar a ele.

As putas da rua Henrique Vaz estavam sempre entre nós. Vinham pelas compras no armazém mas também pela farmácia, onde o sr. Moacir aguardava com uma seringa; lançava algumas gotas no ar e então penetrava o braço; apontava a seringa como se aponta um canhão, secando secreções, mandando para o espaço gonorreias, cancros, galos e doenças mais raras. Sem ele, seríamos devastados; aliás, sem ele e sua poção mágica, a penicilina.

Nascíamos com a ajuda de parteiras, mulheres de condição modesta. Éramos educados para agradecer a elas por nos terem trazido ao mundo. Meu pai tocava seu comércio com sensibilidade para o humor dos clientes, observando a escalada etílica, a alteração das vozes arrastadas, a troca de insultos. No momento exato, empurrava todos para fora do armazém, fechava a porta e entrava para descansar. Isso evitava quebra-quebra, mas um copo estilhaçado, um saco de arroz aberto derrubado sempre faziam parte do negócio.

Tanto na guerra como nas paixões políticas posteriores, meu pai navegava incólume entre os bêbados. Não consumia uma gota de álcool e tomava precauções. Jamais dizia por quem torcia no futebol; quando o pressionavam, mencionava o nome do último colocado na tabela, e isso os apaziguava. Vivia cercado de trabalhistas e era de um partido liberal, a UDN, União Democrática Nacional, que fazia oposição a Getúlio Vargas. Tinha simpatia pelo brigadeiro Eduardo Gomes, opositor de Vargas, que usava o cabelo liso penteado para trás, como o dele, e era solteiro e casto, quase como ele, que se casou a conselho da mãe e nunca teve romance fora de casa.

O brigadeiro era bonito e solteiro, e ia nos salvar da anarquia barulhenta; meu pai se limitava a despachar os bêbados na hora certa, anotar as contas nos cadernos e suspirar ante a ingratidão dos maus pagadores. Era preciso criar a família, mandar os filhos para a escola.

Chamávamos escola pública de grupo escolar. Era estranho andar de uniforme, bem como calçar sapatos por um tempo mais longo. Mais estranho ainda era deixar a casa, levar dela apenas os cadernos e a merendeira, lembrar de sua existência pelos odores de mortadela e manteiga que atravessavam o grosso papel pardo com que se embalavam os sanduíches.

A casa ficava numa esquina. Uma parte dela pertencia à avenida Garibaldi, a outra parte à rua Vitorino Braga. Era irregular por dentro e cheia de gatos. Nosso pai nos ensinava a tratá-los bem, tinham a missão de combater os ratos. No mesmo quarto, nos fundos, dormíamos eu, meu irmão mais novo, Paulo Sérgio, e minha avó materna. Esse formato de casa permitiu um fato extraordinário: um caminhão desgovernado virou a esquina e invadiu ruidosamente o nosso quarto. O motorista, um tal de Jerônimo, havia tomado algumas cachaças no armazém, saiu pela porta da frente, ligou seu caminhão, perdeu o controle do veículo na curva e entrou na porta dos fundos. Um susto que seria lembrado para sempre.

Os sanduíches não me tornaram popular entre os colegas. Ao contrário, apanhei bastante ao tentar defendê-los. Eram sempre os mesmos agressores e meus pais até pensaram em me trocar de escola. Vivíamos na rua grande parte do tempo: não havia nada que os pais pudessem fazer. Aprendi a resistir, brigava muito e acabei conquistando o mínimo de paz para seguir na rua. Eram brigas por qualquer coisa, para fazer vingar a lei do mais forte.

As lembranças da escola são muito remotas. O que resta na memória é a atmosfera em torno dela. Tomávamos refresco de groselha no armazém do sr. Menta e roubávamos jabuticaba na chácara do Turco. Éramos combatidos com tiros de sal, disparados pela espingarda dos empregados da chácara. Quando acertavam, deixavam nossas nádegas em situação miserável.

Era possível sair da escola e voltar para casa sem usar a rua, apenas trilhando os caminhos de um morro, onde havia pássaros, goiaba silvestre e alguns cavalos. Cortávamos cipó para servirem de rédeas e montávamos nos cavalos em pelo. Às vezes era difícil disfarçar as cavalgadas, porque voltávamos cheios de carrapichos. Alguns meninos traçavam as éguas, que com o tempo até se encostavam no barranco quando eles se aproximavam. "São viciadas", diziam.

Qualquer ideia de política ainda estava longe de nós. O morro era nosso espaço preferido. Espinhos e carrapatos, os adversários mais temidos. Carrapatos eram mais que parasitas. Infundiam um grande medo simbólico ao se colocarem na extremidade do pênis. Com o inchaço, éramos obrigados a ficar dois dias de camisola dentro de casa, para evitar o contato da calça com a parte atingida. Passávamos o tempo na janela, mascarando a ridícula posição.

Talvez houvesse um aprendizado de política quando se organizavam os times de futebol no morro. Como acontece até hoje, e não só em Juiz de Fora, os dois garotos que tiravam o par ou ímpar escolhiam a equipe. Tinham algum poder sobre os outros. Embora todos jogassem, alguns não eram chamados pelo nome. Sempre chegava um momento em que paravam de escolher por nomes e simplesmente concordavam em dividir os restantes pelos dois lados. Era natural, pois, que os que ficavam para o final entrassem no jogo com menos moral que os outros. Havia também o dono da bola, sua presença dominante. A qualquer momento poderia ir embora e, com ele, o jogo de todos. A regra tácita era não contrariá-lo.

Eu me saía bem e era um dos primeiros a serem selecionados. Mas o adversário sempre escolhia aquele que melhor me marcava:

Jacó, um galego maior que eu e mais pesado que jogava com as calças arregaçadas até o joelho. Era muito eficaz na marcação, nulo no ataque. Às vezes continuávamos a bater bola na rua e à tarde nosso jogo era interrompido pela voz de sua mãe: "Jacó, Jacozinho, vem tomar café com pão e manteiga São Fidélis".

A política apareceu um pouco mais tarde e nem cheguei a entendê-la. Havia eleições na cidade e os candidatos invadiam nosso bairro com maços de cédulas. Davam um trocado aos garotos para que as distribuíssemos entre os eleitores. Montei um caixote na rua, dispondo sobre ele várias alternativas de cédula. Ganhei algumas notas e passei o dia com elas entre os dedos. Mais importante que o dinheiro era poder mostrá-lo assim, entre os dedos, como faziam alguns jogadores de ronda, um jogo de azar que consiste em apontar uma carta certa entre as três dispostas na mesa.

Apenas um candidato falou comigo. Era simpático e resolvi torcer por ele. Perdeu. Chamava-se Wandenkolk Moreira, e voltei a encontrá-lo anos depois. Como jovem jornalista, eu fazia oposição justamente ao homem que o derrotara. O homem passou a derrotá-lo sempre, acho eu, pois houve novas disputas entre os dois. Tratava-se de um confronto que mais tarde eu veria em muitas eleições no Brasil. Wandenkolk era um advogado criminalista, com algum prestígio na classe média, e seu adversário um populista que se apresentava como o pai dos pobres, visitando os distritos mais afastados e usando a máquina administrativa como alavanca eleitoral. Seu nome era Olavo Costa, e o seu partido o PDS, o mesmo de Juscelino Kubitschek. O partido era dominante em Minas e a oposição tinha juristas importantes como Milton Campos e Pedro Aleixo.

Tudo isso compreendi mais tarde. A passagem da política por nossa rua não deixou marcas. Vivíamos entre tecelões, desempregados, biscateiros, prostitutas, gigolôs. A mais importante aparição foi a de Raul, um artista de circo que representava Cristo e todos os grandes papéis, como, por exemplo, o do camponês que arrancava o coração da própria mãe para dá-lo à amante. "Disse um campônio à sua amada, minha idolatrada, diga o que quer"; os versos flutuavam sob a lona.

Jogávamos num campo de futebol próximo ao circo. Um dia, Raul se aproximou para assistir e, no final, me disse: "Você joga com alma, procure fazer tudo na vida assim". Meu pai não achava que eu trabalhava com alma no armazém e decidiu que eu sairia todos os dias, balaio no braço, vendendo bananas e ovos. Foi o que fiz durante algum tempo, às vezes sentando entediado no meio-fio, sonhando com as brincadeiras que a nova missão me fazia perder.

Começamos, nessa época, uma fase de travessuras que terminou com um susto. Usávamos uma lata d'água apoiada no muro da escola, ligada ao poste da rua por um fio quase invisível. As pessoas batiam com o peito no fio, a lata caía sobre elas e nós ríamos de longe. Uma arte que mais tarde vi no filme *Meu tio*, de Jacques Tati, e ri como se fosse um menino. Éramos arteiros e um dia jogamos pedras no teto de zinco da casa de um homem chamado Arlindo. Ele foi à polícia, que nos convocou a depor.

Meu pai era um homem paciente. Ele me levou até o delegado, que apenas fez algumas perguntas e me liberou com a promessa de que aquilo não se repetiria. Confesso que senti muito medo; quando saímos, meu pai parou num bar e me ofereceu uma soda, limitando-se a olhar em silêncio para mim. No final, disse: "Vamos pra casa, acabou". Fiquei grato a ele. Esperava uma repreensão pesada. Os outros também foram repreendidos pelo delegado, um de cada vez. Hesitamos por algum tempo antes de nos juntarmos para novas travessuras, bem mais leves que aquela.

A política reapareceu quando comecei o curso ginasial numa escola particular. ("Não temos dinheiro, mas faremos um sacrifício, pelo menos uma boa educação aos filhos, essa a nossa herança" — era a tese dos meus pais.) Organizei um movimento que culminou com a queda do professor de matemática. Éramos péssimos na matéria e pensamos que o problema fosse apenas do professor, um homem que usava as calças bem altas, como que puxadas por suspensórios invisíveis.

O instrumento para derrubá-lo era um abaixo-assinado. Dizia que não aprendíamos matemática porque ele explicava mal. Não era preciso convencer ninguém de sua necessidade. Mas e se ele não caísse? Como ficaríamos? Essa era a dúvida, esse era o medo. A saída que encontrei foi fazer cada um jurar que não voltaria atrás, pois, se ninguém desistisse, nossa vitória era certa. E foi. O professor de desenho veio substituí-lo. Avançamos um pouco na matéria. A responsabilidade da vitória fez com que nos esforçássemos, para demonstrar que tínhamos razão. Aquilo nunca havia acontecido na história do colégio. Estavam de olho em nós.

A queda do professor de matemática foi apenas um ato inaugural. No movimento estudantil, os primeiros moinhos eram os bondes elétricos; os primeiros inimigos, os tubarões do ensino. A cada aumento de bonde, uma tentativa de quebra-quebra; a cada aumento da anuidade escolar, uma ruidosa greve.

Não era somente um menino treinado na rua quando entrei na escola particular. Já começara a tomar gosto pela leitura, não tanto pelas palavras mas pela promessa sensual de alguns livros. Li um romance de Gilda de Abreu buscando contorno de pernas, escravas de seio de fora. Mais tarde soube que ela era mulher de Vicente Celestino, o intérprete e compositor da canção "Coração materno", o que disse à sua amada, sua idolatrada etc.

Corria entre os mais velhos que havia cenas de sexo no romance *Presença de Anita*, de Mário Donato. Não se falava assim na época, cenas de sexo eram cenas de sacanagem. Tentei desbravá-lo, mas o texto me derrotou sem que eu conseguisse chegar ao que importava. O gosto por ler, no entanto, tinha se instalado na garupa do interesse sexual. Não houve propriamente uma literatura infantil no meio do caminho.

Passei a ler tudo o que me caía nas mãos. Às vezes me fechava no banheiro. Meus pais não se interessavam tanto pelo conteúdo dos livros, mas, quando alguém se fecha no banheiro para ler, coisa boa não é. Batiam na porta com intervalos que se faziam cada vez menores.

Em casa, talvez nossa mãe fosse a única a se dar conta das mudanças no meu comportamento. Ela estudara num colégio de freiras, no lado direito da rua Halfeld, e lá as alunas tomavam banho de camisola para não verem o corpo nu. Em nossa casa havia vestígios de sua passagem pelo Stella Matutina: um imenso piano e alguns quadros que ela pintou, com pardais pousados num galho de árvore.

Um dia perguntei a ela se podíamos oferecer um almoço para cinco estudantes. Eles tinham acabado de ser expulsos do colégio protestante Granbery, onde eu também estudava. Iniciavam um movimento para ver se escapavam da degola. Foram expulsos, segundo eles, porque faltaram ao sermão diário que se fazia no pátio, com a presença de todos os alunos. Disseram que foram à missa, e jamais pude saber exatamente se aquilo não era apenas uma desculpa para transformar a falta num embate entre católicos e protestantes e assim ganhar alguma simpatia. Eles se sentiram protegidos e confortados no almoço. Sem discursos, minha solidariedade era natural, pois eu costumava escapar dos sermões católicos desde cedo; fugir de sermões, não importava de que confissão viessem, era tão natural como comer goiabas ou voltar para casa quando a chuva nos surpreendia no alto do morro. Dias depois, também fui expulso por indisciplina.

Aquela falsa questão religiosa, em tese, tinha tudo para acender uma centelha em nossa casa. Nossos avós maternos e paternos vieram do Líbano, escapando de guerras santas. A avó materna tinha uma cruz tatuada na testa, outra no pulso. No entanto, mamãe viu naquilo somente um apoio a amigos em dificuldade. O colégio era muito bom, e seu reitor, um norte-americano alto de cabelos brancos, mr. Moore, uma lenda. Andava pelos corredores recolhendo pedaços de papel do chão e levando-os para a cesta de lixo. A escolha de um colégio protestante mostrava que a família buscava apenas qualidade de ensino, já que as escolas protestantes eram consideradas melhores que as demais.

A expulsão foi uma espécie de divisor de águas. Todas as fichas eram jogadas na nossa educação. Minha irmã mais velha, Marisa, saía-se bem em suas provas e avançava com firmeza no projeto de ser advogada. Já eu, bem, eu era uma incógnita. Jamais tinha me declarado na luta entre liberais e trabalhistas, entre direita e esquerda. Aquilo nos envolvia, mas parecia natural, como a neblina de inverno que envolve a cidade construída no vale.

Um marco na história do país foi o suicídio de Getúlio Vargas, em agosto de 1954. Getúlio era considerado o pai do trabalhismo no Brasil, e sua morte foi tema de muitas manifestações e debates. Não me lembro de ter participado. Ao contrário, senti a morte como um alívio, pois as aulas foram suspensas e teríamos um dia livre. Foi como se o bom velhinho saísse da vida não para entrar na história, como diz em sua carta de despedida, mas para nos oferecer um feriado escolar.

De repente, me vi na estação central com roupa limpa e passada e uma maleta. Estava sendo enviado a um colégio interno em Rio Novo, uma pequena cidade que ficava a cerca de três horas de Juiz de Fora. Meu problema era indisciplina, incapacidade de obedecer a ordens, cumprir horários. E um pouco de atrevimento, pois escrevia frases sem nexo nas composições, como uma espécie de protesto contra os temas que me pareciam muito formais.

Não tinha um guarda-pó para me proteger da fuligem, mas

isso era o de menos. Não havia proteção contra a saudade antecipada das ruas da infância, dos amigos que ainda restavam ali. O trem passava pelo nosso bairro, eu corria de um lado para outro para ver a paisagem: de um lado os trilhos do bonde, de outro o curso do rio, na sua decantada missão de banhar a cidade. "Eu tenho uma pena do rio Paraibuna, não pode deixar de passar em Juiz de Fora", disse, certa vez, um grande poeta nascido na cidade, Murilo Mendes. Pois, naquele momento, eu invejava o Paraibuna porque não só passava pela cidade, como avançava rumo ao Rio de Janeiro, lugar do meu sonho.

Minha família tentava pôr minha vida nos trilhos. Para meus pais, um colégio interno, dirigido por padres, seria o ideal para corrigir estudantes indisciplinados da cidade grande. Ilusão, pois a maioria esmagadora dos estudantes vinha da elite de pequenas cidades, em busca de ensino melhor, e não de um corretivo.

Naqueles dias sonhava apenas com a volta do trem resfolegando pelas estradas da Zona da Mata, soltando fumaça. A única maneira de sobrevivência num colégio de padres incrustado numa cidade minúscula era tornar-me um pouco mais introspectivo, escrever. Já não me importava muito com a qualidade dos professores ou da própria escola; iria reter o que me interessava, esquecer o supérfluo, buscar nos livros o que me fazia falta. Cheguei mesmo a iniciar um romance, sem ter nenhuma ideia de como desenvolvê-lo. Restou o título, inspirado em algo que vi numa história em quadrinhos: "O céu sobre nós". O romance seria vivido numa estação de trem, a meio caminho de casa para o colégio. E aconteceria nas férias, com as pessoas tocando violão ao luar, namorando. Nas férias, meninos e meninas dividiriam o mesmo espaço, longe da pressão paterna, da rígida divisão dos internatos.

O romance não escrito prenunciava a base do conflito com a nova escola. Cercada por um muro de quase dois metros, era possível fugir dela em certos momentos noturnos. Eu escapava para me encontrar com uma mulher que viera de uma cidade maior e que tinha um quarto próprio. Fui descoberto em plena escalada do muro pelo secretário do colégio, um homem chamado Ernesto, cuja casa, do outro lado da rua, ostentava acima da porta de entrada a inscrição "O sol nasce para todos". O secretário passava as noites na varanda, mas disso eu não sabia.

Até então eu me envolvera em poucos problemas disciplinares, questões de horário, de silêncio, mas aquele foi decisivo. Fui chamado pelo padre diretor, um homem alto, pálido, com óculos de aros negros, por quem muitas fiéis suspiravam. Lembro que falou sobre a tentação, sobre o que fazer quando ela aparecia diante de nós, e concluiu: "Fuja, fuja dela".

Não houve rompimento. Prometi que não pularia mais o muro para encontrar Cida, a mulata bonitinha, dentuça, que trabalhara numa cidade grande e agora estava em Rio Novo. Mas creio que tanto eu como ele sabíamos que aquela promessa não tinha futuro. Fugir para onde, quando a tentação na forma de curvas acentuadas me alcançasse na penumbra de um modesto quarto? Não tinha a força moral de um padre, ainda mais à noite, sozinho numa cidade do interior. O que restou da nossa conversa foi a decisão de buscar outra escola, sem que houvesse expulsão. Sairia espontaneamente, depois de um tempo não muito definido. E, a partir de então, cada movimento no colégio era uma despedida, era esse olhar que lançamos às coisas que vamos deixar para trás, esse olhar que lançamos às coisas que na verdade já ficaram para trás mas continuam aí, descoladas de nós.

Quando fiz a última viagem de volta, trazia apenas alguns elogios da professora de português, a lembrança da saia justa e do cinto apertado de Lili, professora de geografia, "o Nilo banha o Egito", e a sensação de que, se o professor de matemática continuasse a emagrecer, seria levado pelo vento. Foi dessas viagens em que a maria-fumaça resfolegou como sempre, mas pareceu saudar com prazer o caminho de volta.

Eu não tinha escrito mais que algumas linhas do romance, mas, felizmente, lera vários. Voltava para iniciar, de fato, minha vida, sempre dividido entre dois caminhos. Na verdade só a literatura contava, no máximo eu me permitiria uma incursão pelo jornalismo. A política ficou esquecida naquele ano de internato: não havia como exercitá-la, não me ocorreu em momento algum que estivesse diante dela: só havia um difuso desejo de liberdade. Não era apenas o retorno à cidade natal. Eu ficaria mais perto do meu objetivo: o Rio de Janeiro. Agora havia mais romances disponíveis, e sobretudo a banca de jornal, que também recebia as revistas do Rio. Eram todas importantes para mim, mas uma me impressionou especialmente: chamava-se *Senhor* e era mensal. Eu era o primeiro a comprá-la, às vezes procurava por ela antes mesmo de ela chegar.

Eu a lia na mesa de mármore do Bar Astória. Era possível rabiscar o tampo com anotações a lápis, que o Barreto apagava com um pano úmido ao retirar as xícaras. Através da *Senhor* tive a oportunidade, entre outras, de conhecer os contos de Clarice Lispector, *O urso*, de William Faulkner, e a até então inédita novela de Jorge Amado, *A morte e a morte de Quincas Berro Dágua*. Não era somente uma revista com bom conteúdo; era lindamente diagramada pela designer Bea Feitler, que se mudou para Nova York e fez uma bela carreira nos EUA. Com apenas 25 anos, foi uma das diretoras de arte da *Harper's Bazaar*, trabalhou na *Rolling Stones*, na *Vanity Fair* e também numa revista, *Ms. Magazine*, voltada para a liberação da mulher. Morreu aos 44 anos, de câncer, ainda no auge da carreira.

Antes de me concentrar em literatura e jornalismo, houve a passagem pela política estudantil. Na volta de Rio Novo, aproximei-me da organização de estudantes secundários e tornei-me secretário-geral. Coube a mim projetar e liderar uma greve contra os tubarões do ensino. Houve um aumento de mensalidades, o que nos deu o pretexto para o movimento. A greve não fracassou de todo nos primeiros dias porque fechamos alguns colégios com cadeados de ferro. Confiávamos tão pouco na adesão espontânea que, além dos cadeados, fazíamos piquetes na porta de algumas escolas.

Ivanir Yazbeck foi um bom aliado nessa greve. Ele, além de artista gráfico, hoje é escritor de livros juvenis e continua morando em Juiz de Fora. Estivemos juntos em outras aventuras. O cinema popular, dos irmãos Carriço, que eram proprietários de casas de espetáculos e produziam um cinejornal com as notícias da semana, programou um filme pornográfico, às dez da noite. Fomos barrados por causa da idade. Corri em casa e voltei trazendo a Constituição da minha irmã, a estudante de direito. Com o texto da lei debaixo do braço, exigi que nos deixassem entrar. Ficaram furiosos, mas acabaram cedendo. A coisa toda era ilegal, não queriam confusão. O texto constitucional não dizia nada a respeito de menores poderem assistir a filmes pornográficos: eu me apoiava apenas na tese de que todos são iguais perante a lei.

Não me lembro se os nossos pedidos foram atendidos na greve. Alguma coisa maior aconteceu comigo. Fernando Zerlotini, editor-chefe do semanário *Binômio*, um jornal de oposição a todos os governos — nacional, estaduais e municipais —, fez uma entrevista comigo, achou que eu poderia ser jornalista e me convidou para trabalhar. Para surpresa dele, não apenas aceitei, mas abracei a proposta com entusiasmo: acabara de ler um livro sobre jornalismo, de Fraser Bond, e tinha muitas ideias para modernizar a linguagem.

Esse livro eu havia encontrado na Livraria Zappa. Trazia coisas que chocavam meu humanismo juvenil: a morte de um cachorro na nossa rua é mais importante que um terremoto na China, por exemplo. Mas o mais interessante era a novidade, para mim, do *lead*, o primeiro parágrafo das matérias. Precisava responder a cinco perguntas: o quê, como, onde, quando e por quê. A ideia era transmitir o essencial logo no primeiro parágrafo, pois os leitores modernos nem sempre tinham tempo de ler todo o texto. Além disso, Bond nos ensinava a organizar um texto, começando pelo mais importante e prosseguindo em escala descendente até os detalhes mais secundários. Pirâmide invertida, era essa a forma que nos propunha.

Já havia nos jornais do Rio alguma inquietação em busca de um texto mais moderno. Perseguia-se uma objetividade maior, matando o famoso nariz de cera. Nunca mais se escreveria, por exemplo: "A vida às vezes nos reserva momentos trágicos, como o vivido pelo sr. Ernesto Padovani ao atravessar a rua e ser colhido por um lotação que se dirigia a Copacabana". O nariz de cera não era a única vítima. Começou também uma verdadeira caçada aos eufemismos: quem morre morre, não falece; hospital não é nosocômio; precioso líquido uma ova, é água.

Portanto, eu já estreara no jornalismo cheio de ideias sobre como transformá-lo, e levei alguns anos para mandar para o espaço as regras de Bond. O início foi fácil por outra razão. Por minha conta, estudara datilografia. E as máquinas Remington do *Binômio* eram muito mais leves do que as imensas máquinas IBM negras do aprendizado.

Depois das primeiras reportagens, o jornal me ofereceu uma câmera Rolleiflex 4×4. Era prateada, cabia na mão e me colocava novos problemas, para os quais nem Bond tinha respostas. Como contar uma história com imagens? Aprendi quase sozinho, mas também aí a imprensa americana me serviu de inspiração. Designado para uma reportagem num vilarejo do norte de Minas, não conseguia imaginar como narrar com fotos aquilo que um texto diria se tratar de uma cidade infestada pela doença de Chagas. O coração do sujeito infectado ia inchando e subitamente parava.

Lembro que, ao tratar do tema numa revista, Roberto Drummond deu o título: "Aqui se morre como um passarinho".

Nessa missão, conheci uma dupla norte-americana do *Saturday Evening Post*. Chegaram de táxi-aéreo e ficaram contentes de encontrar um garoto que falava inglês. Eu havia estudado no Instituto Brasil-Estados Unidos, e além disso conversava com os mórmons que tentavam nos catequizar.

Em troca da minha cooperação, o fotógrafo, que era um homem alto, de bigode, e vestia um colete cáqui, também me ajudou muito, descrevendo o seu trabalho. "Agora", dizia ele, "vou fazer o *establishment shot*." Subimos no morro onde ficava o cemitério, e ele fez uma foto do vilarejo com as cruzes em primeiro plano. Era uma forma de iniciar a história. E lá estava eu, depois do *lead* de Bond, aprendendo um pouco sobre um equivalente visual daquelas famosas cinco perguntas.

Os americanos foram embora no fim da tarde, deixando uma nuvem de poeira no ar. Quem iria dormir naquelas casas pobres, correndo o risco de o barbeiro surgir das paredes de barro? Com minha pequena câmera, fotografei um homem de barba negra, esquálido com sua camisola de doente, vivendo uma crise respiratória; tudo isso à contraluz, o que reduziu a nitidez mas aumentou o drama.

Presidente, governador e prefeito eram torpedeados pelo *Binômio*. O presidente, Juscelino Kubitschek, tinha por objetivo fazer o país avançar cinquenta anos em cinco. Ele venceu o candidato da UDN, Juarez Távora, e tinha como aliadas as forças getulistas. Távora já era um personagem da história do Brasil. Havia participado de um movimento de tenentes contra o presidente Epitácio Pessoa, em 1922, que ficou conhecido como os Dezoito do Forte; depois disso, lutara na Coluna Prestes. Mas não tinha condições de enfrentar Juscelino e a força dos trabalhistas, com muito mais presença nas áreas populares.

Juscelino era um homem simpático, quase inalcançável para o nosso jornal, pois a repercussão do semanário raramente ultrapassava os limites de Minas. Não me interessavam tanto os temas políticos convencionais. Nosso setor era outro. Eu buscava histórias humanas, gostava de construir *leads*, elaborar o texto para provocar emoções. O romance, que para muitos dos jovens jornalistas era o objetivo supremo, não me abandonara. Mas nas rodas noturnas de chope falávamos muito de técnica de jornal; para os não jornalistas éramos uns chatos, mesmo antes do terceiro copo.

Com todas as suas limitações, o *Binômio* era um jornal moderno, excelente escala para a estação Rio de Janeiro. No fim da década de 1950, resolvi fazer uma tentativa. Não era apenas um destino profissional: havia a atmosfera, as pessoas, e o mar, que eu tinha visto somente uma vez, quando menino. Tomei um ônibus com meu tio e fomos assistir a uma partida no Maracanã: Brasil × Paraguai. Ouvia jogos pelo rádio, não conhecia ainda a energia da multidão gritando. No encontro com o mar tinha dito para mim mesmo: "É aqui". Imerso na multidão, reafirmei meu sonho de morar no Rio. Era muito bom sentir a existência real de um lugar onde eu seria feliz.

Apesar da pouca experiência, enchi a mala com todas as minhas coisas, algumas roupas, livros e, com o dinheiro do salário, parti da estação rodoviária pensando que era para sempre. No Rio, consegui um quarto de pensão em Botafogo e decidi que no dia seguinte iria à redação do *Jornal do Brasil*.

O jornal ficava num prédio de fachada cinzenta, seus elevadores eram velhos e, felizmente, não havia, naquele momento, nada parecido com política de segurança em relação a visitas. Entrei na redação com facilidade, perguntei quem estava chefiando; me aproximei de um homem de rosto redondo e disse que era jornalista e queria trabalhar ali. Trazia alguns recortes com textos assinados, mas ele não me pediu para ler. Olhou-me surpreso e com boa vontade, e disse, de forma tranquila e, para mim, estimulante: "Se você é jornalista, garoto, senta e escreve um texto". Era Araújo Neto, que mais tarde iria se fixar na Itália como correspondente do *JB*.

Olhei a máquina cinza na mesa vazia e fui direto até ela, lembrando-me de Antônio Me-Abraça, personagem de minha cidade, que gritava, no *bookmaker* da rua Halfeld, quando o rádio anunciava que o cavalo de sua preferência corria na ponta: "Só perde se quebrar a perna". Embora uma vez o cavalo escolhido por Antônio tenha, realmente, quebrado a perna, a frase me acompanha até hoje, como uma espécie de talismã. Escrevi alguns *leads*, como mandava Fraser Bond, o quê, como, onde, quando e, em alguns casos, acrescentando o quinto elemento: por quê. Usei verbos curtos, ágeis, caprichei para mostrar que pertencia àquilo ali, ao grande *Jornal do Brasil*. Era apenas um familiar desgarrado nas noites frias de Minas. Só perderia se quebrasse a perna!

Deu certo. Araújo ergueu os olhos do texto, que lera atentamente, e disse: "Você é jornalista, garoto". Foi um grande momento. E acrescentou, logo em seguida, já sem o texto nas mãos: "Vou arranjar alguma coisa pra você em outro jornal, para ir tocando a vida, e, quando houver uma vaga aqui, ela é sua".

Assim fui parar no *Diário da Noite*, um tabloide dirigido por Alberto Dines. Acordava de madrugada e chegava todos os dias antes do amanhecer. Era um jornal vespertino, que pedia um relógio biológico em sintonia com seus horários de produção. Deram-me um lugar de copy desk, a pessoa que reescrevia os textos dos repórteres para torná-los mais atraentes. Sentia-me valorizado, mas ansiava fazer mais. A rua me encantava, queria testemunhar os acontecimentos, não só reescrevê-los.

No livro de Fraser Bond, o copy desk instalava-se a uma mesa em forma de ferradura. No *Diário da Noite*, ocupávamos um canto da redação. A realidade do trabalho cotidiano ia se afastando dos livros técnicos e ganhava outra forma de vida. Certa vez saí para uma reportagem em que deparei com algo que iria influenciar muito a história política do Brasil: um grupo de apoio à Revolução Cubana. E o pior foi que não entendi como o episódio, o enlace entre simpatizantes brasileiros e os revolucionários da Sierra Maestra, iria marcar nossa história. Estava buscando neles alguma coisa pitoresca, superficial: os homens vão deixar a barba crescer como os revolucionários cubanos?

As teias da Guerra Fria já estavam urdindo os destinos do mundo, a política nacional rumava para uma crise sem precedentes; eu era apenas um copy desk preocupado com a fluidez das histórias, caçando adjetivos e eufemismos como se alvejam patos no tiro ao alvo do parque de diversões. E assim ficaria, feliz e mergulhado na profissão. Meu pai não queria que eu fosse jornalista nem poeta. Associava os dois a boemia, bares e cerveja, e ali estava eu, somente reescrevendo histórias, às vezes com algum lirismo, mas sempre dormindo cedo. O trabalho não justificava os medos de meu pai, embora ainda estivesse distante de seus sonhos para o meu futuro: o Banco do Brasil.

Minha situação no *Diário da Noite* era instável e não havia notícia de vaga no *JB*. Decidi voltar para casa, pelo menos por um tempo. Voltava confiante na minha capacidade profissional e certo de que o Rio era o lugar onde iria viver. Uma vida um pouco mais noctívaga, uma cidade um pouco mais ao sul... Além disso havia o mar, o vaivém das ondas, o movimento das marés, o cheiro de iodo...

Minha mãe ficou feliz quando me viu na porta com a mala. Mas aquele retorno só foi uma passagem, muito curta. A cidade se tornara pequena demais para mim. Eu já tinha feito de tudo ali e as alternativas eram desoladoras. Havia outros jornais, mas eram pobres. Refiz a mala e fui para Belo Horizonte, onde estava a matriz do *Binômio*.

2.

Belo Horizonte não era a cidade dos meus sonhos. Talvez por isso ela me parecia mais leve. Foi como perder o voo para o Rio e resolver se distrair por uns tempos enquanto não chegava o avião seguinte. Tinha 21 anos e uma grande sede de vida. Minha relação com BH, assim a chamávamos, foi como num verso de Drummond, no poema "Caso do vestido": "ao depois amor pegou".

O pouco que eu sabia da cidade não veio tanto da geração de Drummond, mas dos intelectuais mineiros que migraram para o Rio não muito depois dele. Fernando Sabino, Otto Lara Resende, Paulo Mendes Campos, em seus textos se referiam a ela. O romance de Sabino *O encontro marcado* foi ambientado em Belo Horizonte. Falava de grandes amizades, buscas existenciais e alguma molecagem literária, algo que também encontraria no meu caminho, apesar de serem outros os tempos.

Meus contatos mais próximos eram os redatores do *Binômio*. Inicialmente, vivia numa república de jornalistas e estudantes, no bairro de Funcionários. Não me lembro bem da casa. Quase nunca me interessei pelas casas onde morei, pois sempre as vi como provisórias. Seis meses, um ano, pronto: hora de levantar acampamento. Compreendi outra dimensão lendo Hermann Hesse, que se lembrava de todas as casas que abrigaram sua existência e trabalho. Ele é grato a todas elas e conserva de cada uma as lembranças que contribuíram para dar uma fisionomia própria ao tempo em que as habitou. Hesse admite que, na juventude, não se dá importância para isso — de lembranças, mesmo, ficam os objetos que trazemos de nosso primeiro quarto.

Bebia-se muito na república e havia um certo orgulho em suportar grandes quantidades de álcool, de pé e mais ou menos lúcido. O *Binômio* tinha instalações modestas e, de certo modo, continuava num bar próximo, o Mocó da Iaiá, famoso pelo feijão-tropeiro. O bar era escuro e servia uma comida gordurosa regada a caipirinha. Ganhou importância porque o gerente do jornal bebia ali, e às vezes precisávamos fazer uma emboscada para arrancar um adiantamento. Os salários eram pagos em forma de vales, liberados no momento em que estávamos com a corda no pescoço e dávamos sinais de desespero.

A visita mais importante que o Mocó da Iaiá recebeu foi a do jornalista Sérgio Porto, que assinava uma coluna de humor com o pseudônimo de Stanislaw Ponte Preta. Era inteligente, fazia sucesso e não poupava os poderosos, o que ficou claro mais tarde, na ditadura, quando começou a falar do "festival de besteiras que assola o país". Além dos personagens cômicos que criou, ele desenvolveu uma seção chamada "Certinhas do Lalau", no jornal *Última Hora*. Publicava fotos de mulheres de maiô, estrelas do teatro de revista. As vedetes, volumosas como as mulheres de Fellini, eram um padrão de beleza nacional, e dizem que uma delas arrebatou o coração do presidente Getúlio Vargas.

Não participei da recepção a Stanislaw, mas por algum tempo ouvi versões de sua passagem por Belo Horizonte. Impossível reconstituir o que aconteceu naquela noite, pois relatos de bêbados são desencontrados. Contam que a vedete que o acompanhava subiu na mesa do Mocó da Iaiá e entre caipirinhas e feijão-tropeiro fez um striptease. Falaram disso muito tempo, até que a lembrança do corpo escultural se dissolveu nas brumas de novas caipirinhas e cervejas.

O *Binômio* era um jornal que denunciava corrupção no governo e, naquele tempo, estava próximo da UDN. Se os virtuosos anciões da UDN aparecessem, ficariam chocados com o comportamento daqueles jornalistas, embora houvesse uma convergência na condenação do inflacionário período do presidente Juscelino Kubitschek.

Para mim, Juscelino era um presidente simpático. A lembrança que tenho dele é seu sorriso, a propensão de tirar os sapatos em algumas solenidades, seu gosto por dançar (não à toa seu apelido era Pé de Valsa) e seduzir belas mulheres. Na rápida passagem pelo Rio, fui ao Itamaraty fazer matéria sobre a *Operação Pan-Americana*. Nem o Itamaraty nem a operação me interessavam tanto quanto a figura do chanceler, o poeta Augusto Frederico Schmidt, com quem troquei algumas palavras e que lembro ter sido generoso com minha ignorância sobre política externa. Ele era rico e poeta, o que muitos consideravam um absurdo.

Opções econômicas importantes como a instalação da indústria automobilística, movimentos culturais como a Bossa Nova, o clima de otimismo que Juscelino transmitia, apenas resvalaram no *Binômio*, mais focado nas denúncias de corrupção. No meu caso, tudo estava mais longe. A política estadual não me atraía. Certa vez vi um homem magro e alto andando pelas ruas de Juiz de Fora e me disseram que tentara um golpe contra Juscelino. Era o capitão Lameirão, que, juntamente com outros oficiais da Aeronáutica, desviara aviões para Jacareacanga, no Pará. Para mim, aquilo era uma aventura, nada mais. Lameirão era um aliado do major Haroldo Veloso: os dois queriam tomar a base do

Cachimbo, que ajudaram a erguer, e para lá atraíram aviões com os pilotos rebeldes. A revolta não se espalhou, mas o fato de terem levado um Beechcraft para o meio da Amazônia deu um colorido cinematográfico à ação. Derrotado, Lameirão se apropriou de um Douglas C-47 e voou para Santa Cruz de la Sierra, na Bolívia, onde se asilou por um tempo. Anistiado por Juscelino, voltou ao Brasil. A causa das revoltas nunca era muito clara, embora sempre se referissem ao problema da corrupção no governo. Os rebeldes participavam de uma frente política maior, que envolvia setores da UDN, Carlos Lacerda e seu jornal, *Tribuna da Imprensa*, num movimento que atingiu sua maturidade em 1964, com o golpe militar que derrubou Jango.

A cidade alargava minha visão, no entanto meus olhos ainda não se voltavam para a política. Era compreensível o deslumbramento. Conhecia bares, experimentava restaurantes árabes, alemães, fazia incursões pelo Clube Montanhês, uma boate que a boemia mineira frequentava. Continuava gostando de trabalhar em jornal, mas novas dimensões foram incorporadas à minha vida. Achava limitado discutir apenas técnica, considerava literatura algo mais sólido e de longo prazo, mas eram as relações afetivas que realmente me seduziam. Tão bom ou melhor que realizar o trabalho cotidiano era encerrar a tarefa e perguntar aos amigos: "O que vamos fazer esta noite?".

Em Belo Horizonte, ganhei amizades para toda a vida. Entre elas, a de Ivan Angelo e Mariângela Moretzsohn. Ele trabalhava em jornais mas já era escritor; ela, uma brilhante aluna do curso de psicologia. Tudo nos unia e, para completar a felicidade, cabíamos todos no Volks azul de Ivan. Minha namorada era Marília Abreu, com quem me casaria ainda na primeira metade dos anos 1960. Éramos um grupo de amigos, falávamos sobre todos os assuntos na peregrinação pelos bares da cidade. Mas creio que a essência mesma de tudo eram as relações sentimentais, a possibilidade de renová-las. Daí a importância de dois personagens, mesmo quando não eram mencionados diretamente nas discussões: Sartre e Simone de Beauvoir.

O existencialismo francês do pós-guerra exercia fascínio não só por suas ideias mas também pela atmosfera boêmia que o envolvia. Nos bares de Saint-Germain, frequentados por lindas e talentosas mulheres, como Juliette Gréco, bebia-se absinto, o líquido verde que, no passado, alucinara Verlaine, Rimbaud e Baudelaire. Até nas camadas populares brasileiras uma certa ideia de existencialismo foi divulgada no Carnaval, com a marchinha "Chiquita Bacana". Um dos versos dizia: "Existencialista com toda a razão/ só faz o que manda o seu coração". A heroína da marchinha era da Martinica e se vestia apenas com uma casca de banana-nanica. O que me instigava no existencialismo era a maneira como Sartre e Simone desenvolviam sua relação amorosa. Uma proposta de respeito à liberdade do outro, claramente em conflito com o casamento tradicional e, sobretudo, com as rígidas regras de fidelidade. Sentia suas ideias como algo avançado, embora a literatura parecesse um pouco pesada. Minhas preferências se dividiam: escritores americanos e filósofos franceses. Isso talvez tenha me ajudado a transitar nas duas culturas.

De um ponto de vista político, reconheço que não acompanhava todas as dimensões do pensamento de Sartre e Simone. Mariângela gostava do livro *O segundo sexo*, que passou a ser uma referência do feminismo na década de 1960. Eu compartilhava dessa admiração. O ensaio de Sartre *Reflexões sobre o racismo* era um dos livros que me inspiravam, a ponto de levar-me a cometer imprudências. Aceitei debater na televisão, que naqueles anos engatinhava, a questão do racismo com o importante sociólogo Florestan Fernandes. Ele havia pesquisado o tema no Brasil e tinha opiniões baseadas no trabalho real; eu apenas repetia as ideias de Sartre. Ainda assim, Florestan foi paciente e simpático.

Eu não conhecia, naquela época, o papel de Sartre na resistência contra o nazismo, nem tinha lido textos comprometedores para sua reputação, como o de 1945, no qual traça o retrato do colaborador típico atribuindo a ele uma característica: a feminilidade. Só depois, com surpresa, soube da participação de Samuel Beckett no perigoso trabalho cotidiano da Resistência. Beckett, que muitos consideravam um alienado, não explorou o assunto no pós-guerra, enquanto Sartre foi um dos mais eloquentes teóricos da Resistência sem ter se metido nela.

Se então eu desconhecia muita coisa, isso não era culpa dos existencialistas: os erros que se gestavam na minha cabeça e que iriam definir minha vida a médio prazo eram inteiramente meus. Embora julgasse Camus melhor escritor que Sartre, não o acompanhei nas críticas a uma razão histórica que despreza o destino dos indivíduos reais, nem quando considerou o socialismo um regime de campos de concentração.

Busquei nos textos dos existencialistas aquilo que me interessava. Se não tivessem existido, acabaria compondo um novo amálgama, juntando outras influências, para justificar as escolhas que viriam. O que me interessava? Não tinha mais religião, nem sofria influência da família. Mesmo os vizinhos haviam desaparecido de minha vida. Deixei a república de jornalistas e morava numa quitinete perto do lugar da moda, um centro comercial chamado Arcângelo Maleta, com bares novos e interessantes.

Com tantas amarras soltas, concordava que a vida não tinha sentido, exceto aquele que comunicávamos a ela. Ficara impressionado com a imagem literária de Sartre das unhas cravadas nas bordas do abismo para não cair em seu imenso vazio. Mas isso era mais uma atitude intelectual, ainda distante do marxismo.

Havia bares para tudo, e os jovens que mais tarde iriam formar um grupo de extrema esquerda frequentavam o Bucheco, um dos mais descolados da cidade. Precisávamos de uma atmosfera assim porque no nosso grupo havia gays e sem eles as noites eram menos inteligentes e menos divertidas. Um deles, Marco Antônio Menezes, um dos raros leitores de Beckett, era de uma inteligência luminosa; outro, Ezequiel Neves, de um humor que transfigurava algumas de nossas noites.

Dizia-se que os donos do bar o tinham montado para financiar a organização que mais tarde iria se chamar Polop, Política Operária, de inspiração trotskista. Um dos líderes do grupo, Beto, Carlos Alberto Soares de Freitas, morto pela ditadura militar, era namorado de Inês, irmã de Marília. Eu não suspeitava que fossem se tornar importantes na história política da esquerda e que anos depois, já no fim da primeira década, uma de suas militantes, Dilma Rousseff, seria eleita presidente do Brasil. Isso nem eles suspeitavam, mas quero dizer apenas que eu não trabalhava com a dimensão da história.

A visão da história e da legitimidade da violência na política não me chegou pelos textos de Marx, mas sim pelo existencialismo. Pensando com a perspectiva dos anos, a dimensão histórica era o espaço onde se dava razão à violência, sobretudo a dos mais fracos contra a opressão colonial ou burguesa. Digo "sobretudo" porque não só a tolerância como a justificativa da repressão do Estado comunista a intelectuais dissidentes também se inscreviam numa concepção da história que contemplava o futuro das grandes massas e minimizava a injustiça com indivíduos. A história justificava ainda a violência contra os mais fracos.

O prefácio de Sartre para o livro *Os condenados da Terra*, do psiquiatra e ativista Frantz Fanon, assim como o próprio texto de Fanon foram decisivos na legitimação da violência dos oprimidos. Talvez o impacto tenha sido provocado por me levar à emoção através da minuciosa análise das táticas do colonizador, algo que Fanon, nascido na Martinica, e também Albert Memmi, um escritor de origem tunisiana, faziam de uma forma muito convincente.

No fundo, eram ensaios psicológicos, um bom atalho para me alcançar. Abriam um itinerário diferente para a luta social. Os marxistas vinham de fora para dentro, da análise de classes, do curso da economia; eu caminhava de dentro para fora na busca do sentido, na ânsia de cravar as unhas nas bordas do abismo.

Sartre afirmava que o mundo ocidental nada mais tinha a oferecer. Isso talvez tenha contribuído para sua tolerância com alguns crimes do socialismo. A consequência do desencanto, no entanto, foi a de impulsioná-lo a olhar para fora da Europa mais estável e esperar uma explosão de revoltas no mundo colonial ou mesmo em países já independentes do Terceiro Mundo. Ele visitou a América Latina, passou pelo Brasil e escreveu *Furacão sobre Cuba*, dando seu aval à revolução de Fidel e seus companheiros.

Vendo com alguma perspectiva, é preciso admitir que essa disposição para revoluções externas ao horizonte europeu, que apontariam o futuro da humanidade, permaneceu muito tempo depois da morte de Sartre. A relação que alguns intelectuais europeus mantiveram com as revoluções era um pouco semelhante à dos tibetanos com a sucessão de um dalai-lama: em algum lugar a criança vai nascer, temos de identificá-la e contribuir para sua formação.

Toda essa agitação intelectual não me impediu de continuar a carreira de jornalista. Eu mantinha as duas coisas. Deixei o *Binômio* e fui trabalhar na *Última Hora* com a função bizarra de encher uma página por dia. Todas as manhãs, o carro do jornal me pegava em casa e saíamos pelos distritos policiais em busca do tema do dia. Foi uma excelente experiência. Quase sempre Alvimar de Freitas, um grande fotógrafo, me acompanhava. Ele começara em Minas Gerais a mudança que também se esboçava em outros lugares do país e que consistia na abolição do flash e no uso da luz ambiente. As imagens ganhavam realismo, drama, uma mistura de luz e sombra que o flash nem sempre permitia obter.

Alvimar trabalhava com uma Rolleiflex 6×6, e a dispensa do flash foi possível também em razão de um avanço industrial que introduziu filmes mais sensíveis no mercado. Não eram ainda, no entanto, tão sensíveis quanto certas condições ambientais demandavam. Uma das qualidades de Alvimar era bater a foto com muita firmeza na mão, prendendo o ar para evitar que a imagem tremesse. Às vezes, se as circunstâncias permitiam, ele cantarolava baixinho quando estava para realizar uma foto que o emocionava. Parecia querer anexar um fundo musical ao cenário e à coreografia que se achavam diante de suas lentes.

Creio que minha reputação na *Última Hora* era boa, pois mais tarde fui recebido pelo dono do jornal, Samuel Wainer. Ele conversou todo o tempo sobre a profissão, como se fôssemos dois repórteres. Mas ele já havia construído uma grande empresa jornalística e era criticado, quer por ter sido financiado pelo governo Vargas, quer por não ser brasileiro — viera da Bessarábia. Isso para mim não tinha a mínima importância. Fui um razoável aluno de geografia, mas a Bessarábia não me dizia nada. Quanto à origem do dinheiro dos jornais, a questão tampouco me inquietava: o importante era que pagassem em dia e houvesse pouca censura. Samuel Wainer procurava pagar bem e isso me mantinha na luta, acordando cedo e percorrendo cadeias, documentando crimes, encontrando fantásticos personagens.

Minha passagem por Belo Horizonte estava caminhando para o fim. Mas ela me reservou a experiência mais interessante num novo jornal, o *Correio de Minas*. Nós gostávamos muito de novas iniciativas. Os donos do jornal reuniram uma equipe considerável, misturando jovens e gente experiente. Fui convidado para ser o chefe de reportagem. Estava perto dos 22 anos, talvez lamentasse um pouco deixar o trabalho de rua. Mas era uma grande oportunidade.

O dono e alguns dirigentes do *Correio de Minas* não eram

exatamente do ramo. Tinham facilidade de levantar o dinheiro e, ao que parecia, ganharam apoio de um importante banco, o da Lavoura. Eram ligados ao esquema de sustentação de Juscelino Kubitschek. Isso nos interessava como informação, mas não alterava nosso ânimo. A intenção de todos era fazer um grande jornal, cobrindo tudo que parecia notícia e reagindo com flexibilidade às tentativas de interferência. Na reportagem, de um modo geral, eram pautas singelas, provincianas, que descartávamos com facilidade ou atendíamos achando graça.

Um dos memoráveis momentos vividos pela equipe foi o assassinato de John Kennedy. Conseguimos controlar a excitação e produzir a tempo uma edição extra: nada extraordinário para um acontecimento histórico dessa dimensão, mas era o que nos tocava fazer e estávamos satisfeitos com o resultado.

O *Correio de Minas* revelou alguns dos melhores jornalistas da geração. Uns se mudaram para o Rio, outros foram para São Paulo também para viver uma nova experiência: o *Jornal da Tarde*, dirigido por Murilo Felisberto. Apesar da qualidade do trabalho no *Correio*, nem tudo ia bem no campo das finanças, e o diretor da área nos enrolava muito e inclusive enrolava a própria língua para justificar os atrasos. "Compreendeu, compreendeu?" — ele fazia essa dupla pergunta no final de cada frase.

A indústria automobilística já estava se consolidando no país. Os donos do jornal me prometeram um carro e isso me animou. Não via o carro como um instrumento de transporte, mas como um complemento romântico: poderia sair com a namorada, visitar Ouro Preto. Na verdade, o veículo seria financiado pelo banco, que exigia documentos, formulários, uma série de passos burocráticos que me aborreciam. Felizmente havia o carro do Ivan Angelo, que nunca nos faltou. Creio que Affonso Romano, nosso poeta que estivera nos EUA, era também dono de um carro. Um episódio inesquecível para mim, quando houve um problema mecânico com o veículo numa estrada, foi ouvir Affonso dizer com gravidade: "É a biela". Aquela palavra foi mais que um poema, pois rodou na cabeça durante todo o dia. Biela. Restou para mim como uma explicação resignada para todos os mistérios que me ultrapassavam: a biela.

Foi uma época exuberante em muitos aspectos: afeto, farras, discussões intelectuais. Entretanto, a história política nacional estava de emboscada, pronta para dar um alarme que exigiria de mim, no mínimo, mais atenção a ela. E o alarme soou na renúncia de Jânio Quadros e na subsequente tentativa de impedir a posse de João Goulart, que estava em visita à China.

Jânio Quadros era meio folclórico para mim — e para todos, creio. A maneira como se vestia e sobretudo a maneira como usava os pronomes eram muito diferentes das usuais. Ele tinha caspas; alguns achavam que eram simuladas e diziam que as exibia sobre os paletós escuros para parecer mais popular. Como se sabe, o símbolo de sua campanha era uma vassoura, com a qual iria varrer a corrupção. O adversário, um homem sério e com pouca cintura para a política: o marechal Lott.

Jânio renunciou afirmando que enfrentava forças terríveis. O suicídio de Getúlio Vargas também tinha revelado a existência dessas forças. Eu não conseguia processar bem essa ideia de forças terríveis, mas ela trazia um certo conforto, aquele que nos dão os chamados suspeitos de sempre. Vistas com os olhos teatrais, as forças terríveis para mim eram personagens discretos que cresciam no segundo ato.

A tentativa de evitar a volta de Goulart da China e o processo que resultaria na criação artificial do parlamentarismo me eletrizaram. As forças terríveis apareciam parcialmente: eram os militares insistindo em impedir que Jango assumisse a Presidência. O parlamentarismo foi uma solução negociada, uma vez que Goulart assumiu com poderes reduzidos.

Eu achava tudo um absurdo. Não tinha ideia de como evitar aquela tentativa de golpe de Estado. Corri para o Sindicato dos Jornalistas, era a única referência coletiva. Não tinha relação estreita com eles e, como me sentia sempre em ascensão salarial, não fui solidário com suas greves. Nosso grupo chegou a rir de uma delas, lembrando-se de uma comédia italiana em que os irresponsáveis heróis davam uma banana para o piquete de grevistas aos gritos de "lavoratori, lavoratori".

Mas agora uma nova gravidade nos envolvia; não era mais tempo de brincar. Era preciso canalizar a energia na luta contra forças terríveis. Quem eram elas em Minas? Quem não queria que o presidente legal tomasse posse com todos os poderes? "O arcebispo", alguém disse. "Então vamos ligar para o Palácio e fazer ameaças, dizer algumas barbaridades para o arcebispo", propus. O arcebispo apoiava o golpe, diziam. Na verdade, nessa situação, como em algumas outras, a grande virtude de termos nos reunido foi a de estarmos juntos, porque as coisas se decidiam numa esfera muito distante.

A partir desse momento, cresceu a vontade de voltar para o Rio. Não tinha nenhum convite, nada de especial. A crise política acabou resultando num plebiscito que reintroduziu o presidencialismo. Mas, apesar de ter recebido tanto de Belo Horizonte, eu me senti aos poucos como se estivesse longe do lugar onde as coisas estavam acontecendo. Nada contra a cidade. Eu viria a me sentir assim em inúmeras outras circunstâncias. Talvez fosse uma ligeira deformação profissional, uma sombra daquela angústia do repórter, de estar no lugar errado e sentir que se esgotava o tempo da missão.

O lugar certo para mim era o Rio de Janeiro. A primeira passagem pela cidade ainda estava na minha memória. Apesar de tudo, as coisas me pareciam mais fáceis ali. Precisava somente economizar algum dinheiro para as semanas iniciais e procurar o *Jornal do Brasil*. Se me oferecessem apenas um estágio, iria buscar, como sempre, algum jornal que pagasse em vales, para fazer frente às despesas cotidianas. Talvez nem tivesse planejado com essas minúcias, mas foi assim que aconteceu; voltei para o *Jornal do Brasil* e iria trabalhar no *Panfleto*, que era de Leonel Brizola e tinha um grupo de gaúchos na direção.

Lembro-me de alguns nomes: Tarso de Castro, José Silveira, Paulo Schilling. Tarso era mais próximo e frequentávamos juntos bares de Ipanema. Compreendia minhas dificuldades e liberava os vales que me mantinham de pé, tomando alguns chopes e comendo o mais barato prato do bairro, o risoto iugoslavo do Jangadeiros. O início de carreira no *JB* era apenas um investimento. Diziam que Tarso, que viera do interior do Rio Grande do Sul, era filho do dono de um jornal. Ainda bem que veio para o Rio, pois sua generosidade traria grandes problemas econômicos para a empresa do pai. Era um homem bonito e fazia enorme sucesso com as mulheres.

Eu vivia no famoso Edifício 200 da Barata Ribeiro. Um mundo de gente, amontoada nas suas quitinetes. Na nossa, éramos cinco jornalistas. A política estava ficando mais perto. Não guardo arquivos ou documentos da época. Lembro, entretanto, que os textos que escrevi espontaneamente ainda eram influenciados pelo existencialismo. Um deles, sobre Ipanema, intitulava-se "As belas imagens". O bairro começava a entrar na moda e o artigo ironizava as pessoas que se diziam de Ipanema. E daí? Morar num determinado bairro não define ninguém. Refugiar-se nessa falsa virtude pode ofuscar as escolhas necessárias na definição da vida. Um cineasta italiano que passou pelo Brasil recolheu o texto e alguém, mais tarde, o colocou na internet. O cineasta se chamava Gianni Amico e era muito querido entre os colegas com sua tese de resistir a Hollywood, criando um grande cinema alternativo.

A outra matéria, "Amélia não era mulher de verdade", analisava a letra da famosa composição "Ai, que saudades da Amélia", de Mário Lago, e concluía que, pelos parâmetros do *Segundo sexo*

— o livro de Simone de Beauvoir —, ela era apenas subjugada pelo marido. Não estranho a ausência de textos diretamente políticos nesse período. Não dominava o tema, e no *Panfleto* eu era só um repórter, uma vez que a linha política era determinada por Paulo Schilling, certamente em sintonia com Brizola: uma posição nacionalista de esquerda.

A experiência que tivera com o nacionalismo havia sido conhecer em Juiz de Fora a família do general Horta Barbosa, um dos que lutaram pela criação da Petrobras. Os slogans não me eram estranhos, nem o nome do geólogo norte-americano Walter Link, que se tornou uma espécie de vilão do movimento por achar que o Brasil não tinha grandes jazidas terrestres de petróleo. Seria o famoso relatório Link uma manifestação de forças terríveis? Eu não estabelecia essa conexão, mas os vilões e heróis, naquela época carregada, não nos jogavam diretamente nas ideias, e sim nas emoções de esquerda.

Essas emoções existiam também na turma de Ipanema, que Tarso e eu frequentávamos. Mas eram diluídas nas celebrações etílicas, no interesse pela arte, na existência de personagens interessantes. Um deles, Hugo Bidê, foi transformado pelo humorista Jaguar, anos depois, em herói de história em quadrinhos. Seu apartamento na rua Jangadeiros era um refúgio. Às vezes nos recebia na banheira. Não lembro se procurávamos o apartamento como uma alternativa aos bares ou se passávamos algumas horas ali antes de ir para os bares. Creio que a noite se encerrava sempre no Jangadeiros, no Zeppelin ou mesmo no Mau Cheiro, um botequim mais tosco, no Arpoador.

Era um pequeno mundo que nos parecia mais divertido que o da classe média tradicional. E sexualmente mais livre: havia uma eletricidade permanente e uma certa aflição quando os bares ameaçavam fechar e não se sabia ainda com quem dormir. Isso entre aqueles que se achavam ainda lúcidos e fisicamente capazes. Como saber senão testando e, às vezes, dormindo no momento decisivo? Anos mais tarde, parte desse grupo que era tido como uma espécie de ancestral da esquerda festiva se reuniu no *Pasquim*, um jornal que desafiou a ditadura com irreverência e bom humor.

Mas onde estava a sombra da ditadura naquele momento? Falava-se em golpes, conspirações, mas era um tema de conversa, entre muitos. Creio que os militares já eram chamados de gorilas e Carlos Lacerda considerado um vilão da esquerda e de toda a sua área de influência. Lacerda era de direita, pró-americano e aliado dos militares, rezava o sentimento comum. Eu sabia de sua existência como jornalista e de seu empenho em modernizar a linguagem. Nisso, nossas histórias se encontravam.

A expressão "mal-amadas" para definir as simpatizantes de Lacerda explica aquele momento de uma forma alternativa à divisão clássica entre esquerda e direita. Para mim, era uma continuação da história do brigadeiro Eduardo Gomes, bonito e solteiro, que tanto ouvi na infância. De um lado, a abstinência sexual; de outro, a busca da liberdade. A expressão "mal-amada", vista de hoje, revela um preconceito contra as mulheres. Implica que suas opções políticas nasceram apenas da frustração sexual. Mas, como havia algumas mal-amadas reais em torno de Lacerda, a imagem parecia próxima da realidade.

Lacerda acenava com um golpe de Estado, os gorilas iriam realizá-lo. A mando de quem? Do imperialismo norte-americano. Os fatos, numa guerra, mesmo quando ela é uma guerra fria, ganham uma transparente simplicidade. Trabalhando no *Panfleto*, eu começava a sentir a proximidade de algum acontecimento, mas não conseguia definir claramente que seria um golpe de Estado vitorioso. Marinheiros e sargentos se revoltavam, o comandante do Corpo de Fuzileiros, almirante Cândido Aragão, estava do nosso lado. Digo "nosso" porque já havia optado por um lado: a defesa do governo Goulart.

Era uma tomada de posição visceral, embora uma longa estrada ainda me separasse das ideias de esquerda. Não tinha, naquele momento, uma visão tão negativa dos Estados Unidos. Estudei inglês no Instituto Brasil-Estados Unidos, aprendi jornalismo com a escola americana e era leitor apaixonado de seus escritores modernos. Lembro que, convidado por Isaac Piltcher e Alberto Dines para uma bolsa de estágio na imprensa americana, patrocinada pela *Seleções Reader's Digest*, disse que gostaria de ir para o *Kansas City Star* porque Hemingway trabalhara lá. Eles me olharam como se eu estivesse maluco e explicaram que o melhor era buscar uma grande cidade e um grande jornal. Acabei desistindo daquela experiência porque não era o que eu realmente queria então.

Mas a verdade é que o fantasma das forças terríveis ganhava uma dimensão concreta no cotidiano. Estados Unidos, militares, Lacerda, apareciam para mim como a encarnação daquele processo que levara um presidente ao suicídio, o outro à renúncia, e agora tentava derrubar um terceiro. Não era ainda certeza, apenas uma percepção. Jânio Quadros não foi eleito pela esquerda e era um tipo de demagogo condenado por ela. Seu único gesto polêmico fora condecorar Che Guevara, num momento em que a Revolução Cubana ainda era uma experiência romântica.

Ou os fatos se precipitaram com muita rapidez ou eu não estava realmente ligado neles. O clima de golpe de Estado, no entanto, estava no ar: os jornais diziam que a democracia corria riscos, os militares confabulavam, políticos favoráveis ao golpe tornavam-se mais audaciosos em suas declarações.

O que considerávamos "nosso lado" era muito amplo: sindicatos, estudantes, jornalistas, artistas e intelectuais. O famoso comício de 13 de março, na Central do Brasil, nas vésperas do golpe, foi um dia de intenso trabalho. O jornal tinha dois fotógrafos, Fernando Gaúcho e Erno Schneider: eles foram para a Central e eu fiquei na redação para ajudar no fechamento. Concentrado naquelas tarefas parciais, não tinha muitas previsões sobre o desenrolar do conjunto.

Quando veio o golpe, resisti na Cinelândia e joguei algumas pedras nas ruas do centro. Fiquei surpreso com a Marcha da Família com Deus pela Liberdade. Não esperava que o "outro lado" tivesse tanto apoio. Nossa pequena unidade de resistência no 200 da Barata Ribeiro retornou à sua base com muitas decepções. A maior delas foi a de José Aristodemo Pessoa, o Pessoinha, que foi buscar as armas que o almirante Aragão iria distribuir para o povo. Não havia armas, nem almirante Aragão para comandar o contragolpe.

O golpe de Estado empastelou o *Panfleto* e o *Binômio*. Ele iria provocar grandes mudanças, não só na consciência política mas também no meu vínculo com a profissão. Mesmo sem aplicar a censura direta, o que só ocorreria mais tarde, em 1968, a ditadura militar subtraiu um pouco do encanto do jornalismo. Para o nosso ofício, tão importante como o golpe foi o surgimento de um novo meio de comunicação que aos poucos iria influir no destino dos jornais impressos: a televisão.

Envolvido com literatura e boemia, não acompanhei a preparação e o desfecho do golpe com um olhar atento em todos os elos da cadeia. Não posso descrevê-lo na memória com uma sequência que levaria ao desenlace dramático.

Um pouco deprimido com o golpe que os militares chamavam de revolução, não percebia que era a minha vida que iria se revolucionar. Gorilas, mal-amadas, Marcha da Família com Deus pela Liberdade, gente brandindo o rosário. Os católicos empedernidos eram personagens conhecidos: uma das amigas de Belo Horizonte ficava até mais tarde conosco nos bares e, quando voltava para casa, encontrava a mãe ajoelhada diante da porta, com um rosário na mão. Começaram então algumas mudanças.

3.

O golpe de Estado foi um soco que me atirou contra as cordas. Mas eu tinha 23 anos e muita coisa pela frente. Tarso de Castro deixou sua quitinete em Copacabana e fugiu por uns tempos. A chave ficou comigo e com Paulo César Pereio, que começava sua vida artística no Rio. Vindo do Sul, como Tarso, Pereio frequentava os mesmos lugares que eu. Nós nos dávamos muito bem, e viver com ele numa quitinete por tanto tempo, sem atritos, foi um belo exercício de convivência. Nossa vizinha do andar superior também viera do Sul e iniciava sua carreira no famoso Beco das Garrafas, um dos berços da Bossa Nova. Ela era Elis Regina, e de vez em quando telefonavam do Beco procurando pela cantora gaúcha.

Saltei de uma quitinete com cinco pessoas para uma com duas e estava mais próximo dos artistas e boêmios. Notícias de gente presa, fugida ou mesmo perseguida começavam a circular. Mas pareciam ainda muito distantes dos bares de Ipanema. Não faltavam discussões sobre o golpe, sobre a incapacidade generalizada de resistir a ele. Elas ocorriam no tom habitual das conversas de bar, às vezes amplificado com as rodadas de chope, muita gente aos gritos para se fazer ouvir, aquele efeito do álcool de impelir as pessoas à repetição sem que se deem conta disso.

No *Jornal do Brasil* minha carreira continuava. Agora que fora transferido para o departamento de copy desk, meu expediente começava às três da tarde; eu poderia acordar quando quisesse, ir à praia, almoçar, e só então sentava diante da máquina de escrever. No copy desk havia jornalistas consagrados e um grande nome da cultura que era Nelson Pereira dos Santos. Ele tinha realizado o filme *Rio 40 graus* nove anos antes, mas, como todos nós, precisava sobreviver.

Éramos chefiados por um poeta maranhense, Lago Burnett. Numa de suas crônicas, ele escreveu que os colonizadores fizeram uma devastação nos úteros nativos. Não esqueci essa imagem; achava Burnett um excelente redator, assim como Hélio Pólvora, um escritor baiano que reescrevia os textos com um cigarro no canto da boca.

Grande alegria para mim foi quando o secretário do jornal, Carlos Lemos, extrovertido e amado por todos nós, subiu na mesa para elogiar um título meu. Naquela época, as fotos levavam títulos e legendas. Eram três marinheiros americanos adernando na praça xv, abraçados, visivelmente bêbados. O título era: "Nas águas do Rio". Nada especial, mas, quando escrevemos, já estamos no lucro se o leitor não se aborrece; se sobe na mesa, então é a glória.

Uma questão política me intrigava: teria sido possível deter o golpe de Estado, ou ele fora consequência inevitável de uma transição pacífica, liderada por um governo populista? Ouvia argumentos nos bares, mas não tinha cultura política para responder com segurança. Os exemplos pareciam eloquentes: de um lado, golpes de Estado, intervenções estrangeiras; de outro, a vitoriosa Revolução Cubana.

No pós-golpe de Estado, as pessoas pareciam mais desesperadas. Aqueles versos de Drummond, "mas há uma hora em que os bares se fecham/ e todas as virtudes se negam", descreviam um pouco o fim da madrugada. Numa quitinete em Copacabana, era mais fácil dormir acompanhado, e, como tudo acontecia depois de muitas rodadas de chope, não eram poucas as surpresas matinais na nossa cama.

Comprei nas Casas Otto uma camisa vermelha, um par de sandálias e uma calça branca, e decidi dar um pulo em Minas. Iria combinar o casamento com Marília, o que permitiria sua vinda para o Rio. Descrevo a roupa porque queria mostrar, pela aparência, que estava adaptado à atmosfera leve da praia e, de certa maneira, tinha triunfado no projeto profissional. Mas, quando se volta ao lugar de onde se saiu, há sempre o medo de alguém dizer que você andava sumido, há sempre o medo absurdo de não ter saído, de tudo ter sido apenas um sonho. Não queríamos casar na igreja e nossos padrinhos seriam Ivan e Mariângela. Entre nós o casamento era mais uma formalidade para não chocar as famílias. Não houve nem festa propriamente: estávamos de olho na viagem.

Depois do copy desk, minhas funções foram redigir a pauta e dirigir o departamento de pesquisas. Não me dava conta do impacto da televisão no Brasil. Isso estava mexendo na raiz da profissão, embora a censura, ainda discreta e baseada no medo de evitar conflitos com a ditadura, despontasse como a grande novidade.

Fazer a pauta do *Jornal do Brasil* foi uma experiência generosa. Eu acordava às seis horas, chegava no jornal de sandália e sem gravata, e tinha como tarefa escolher todas as matérias que sairiam no dia seguinte. Era como um cozinheiro preparando o menu de um jantar intelectual, ainda que com frequência a realidade o tornasse indigesto. Era preciso ter muitas ideias pela manhã. As solenidades e entrevistas já marcadas não ocupavam a equipe toda. Era preciso mais. A tarefa consistia em inventar novas possibilidades e programar o que chamávamos de suíte, ou seja, a continuação de um tema que não se esgotava num só dia.

Fazíamos isso para competir com os outros jornais. Nosso objetivo era avançar sempre, a partir da grande plataforma que foi a revolução gráfica do *JB*. Amilcar de Castro, responsável por ela, havia se inspirado no pintor holandês Piet Mondrian, com suas figuras geométricas. Quando via aquilo, ainda em Minas, pensava que eles traçavam uma espécie de cruz na página e então iam distribuindo texto e foto pelos quatro cantos.

Ainda assim, com tanto esforço criativo, muitos leitores tinham a impressão de que algumas notícias já eram conhecidas. Era a TV, muito mais rápida e de mais fácil apreensão que o texto impresso. E, para evitar essa sensação de déjà-vu, o jornal resolveu incrementar as notícias. E então fui incumbido da outra missão: dirigir o departamento de pesquisas, cujo objetivo estratégico era explicar melhor as notícias, colocá-las no contexto, para usar uma expressão da moda nos anos 1960.

Não iríamos apenas publicar as mesmas notícias veiculadas na véspera. A tarefa agora era interpretá-las. Ironicamente, o jornalismo se tornaria desinteressante para mim depois de o jornal me enviar ao País de Gales, como bolsista da Thomson Foundation, para estudar precisamente o jornalismo.

Era um curso bem organizado. Vivíamos num subúrbio da capital, Cardiff, e nos divertíamos observando o trem chegar pontualmente à nossa estação. O outro brasileiro do grupo, Alexandre Gambirasio, viera de São Paulo.

Nós, que vínhamos do mundo latino, éramos encorajados a visitar as marcas da passagem dos romanos por Gales. Mas eu gostava muito de assistir às corridas de cachorro, uma novidade que me parecia bastante plástica. Além disso, havia os nomes dos cães, que até hoje, quando consulto os programas que trouxe comigo da viagem, me fascinam: Outlaw Wagner, Cry Adrian, Tricky Girl, Not so Smooth.

De um ponto de vista técnico e profissional, o curso era bom.

Mas nosso grupo era bastante heterogêneo, alguns de nós trabalhavam em jornais muito precários. Um dos meus mais frequentes interlocutores, cujo nome esqueci, viera da Etiópia. Jamais perguntei a ele sobre jornais da Etiópia, pois temia que nem existissem, por paradoxal que pudesse parecer, já que o sujeito era jornalista... Nosso tema era a política. Quer dizer, passou a ser a política, a partir do momento em que ele me abordou e disse que lamentava a queda do presidente Goulart mas que o golpe era inevitável.

Aquelas conversas sobre golpes e revoluções tornaram prosaico o curso de jornalismo. A célebre frase de Marx, de que não se trata de descrever o mundo mas de modificá-lo, poderia ser aplicada ali. Devo a esse amigo da Etiópia o ressurgimento do impulso latente de buscar na história o sentido da vida, de cravar as unhas nas bordas do abismo do vazio pronunciando a palavra "revolução". Nunca mais tive notícias dele. A Etiópia me voltou à lembrança no exílio, na Suécia, porque em nosso prédio estudantil moravam vários refugiados eritreus em luta pela independência e eles sempre preparavam carne moída com chili, cujo cheiro migrava para o nosso apartamento. Depois li sobre Hailé Selassié, o declínio do imperador, as alianças simbólicas com os rastafáris da Jamaica que o consideravam um messias. Em nenhum desses cenários consigo encaixar aquele jovem negro magro, de cabelos curtos e face angulosa.

De volta ao Brasil, depois de dois meses, em 1966, tinha uma ideia na cabeça: a revolução. O existencialismo me ajudou a chegar a essa ideia, mas eu era incapaz de dizer que tipo de revolta era adequada. Anti-imperialista, socialista, por um governo de libertação nacional ou por um governo dos trabalhadores? Era preciso pedir socorro ao marxismo, e o que havia disponível para responder a essa pergunta era o livro de Caio Prado Jr., *Formação do Brasil contemporâneo*.

A Dissidência Comunista — um grupo de jovens à esquerda

do Partido Comunista Brasileiro, com uma estratégia socialista —, que controlava o movimento estudantil no Rio, tinha uma resposta baseada em Caio Prado, e simpatizava com ele como um intelectual de alto nível, marginalizado pelo PCB, ao qual pertencia. O Brasil era um país capitalista, logo o objetivo era socialista e ponto final.

A trajetória intelectual era apenas uma das forças que me moviam. Eu gostava dos estudantes em luta, de sua irreverência. O fato de se distanciarem do velho Partidão, de apresentarem outro horizonte naquela mistura de tendências fazia com que os considerasse mais modernos. A geografia teve um peso na escolha; se eu morasse em outro lugar, talvez tivesse me aproximado de outro grupo com as mesmas características.

Além da questão teórica, havia a pergunta no ar: quem são os outros, quem, com seu comportamento cotidiano, realmente inspira alguma confiança num processo renovador? Outro elemento considerável era o conflito de gerações entre os comunistas. Os mais velhos ficaram com o peso da derrota para o golpe militar que derrubou o governo populista de Jango. Os líderes do movimento estudantil queriam começar de novo, com uma visão de luta armada e um objetivo claramente socialista. Parecia uma luta do futuro contra o passado e, naquele instante, o futuro era uma invenção nossa.

Essa fermentação intelectual não me impedia de trabalhar. A ida para o País de Gales tinha sido uma alavanca na carreira. Algo que, potencialmente, iria me preparar para novas responsabilidades no jornalismo. Mas a verdade era que minha carreira, com *leads*, *subleads* e pirâmides invertidas, estava indo para o espaço. Comecei buscando a sacada da redação para ver as manifestações estudantis na avenida Rio Branco, acabei descendo as escadas para sempre.

Como editor de pesquisa, creio que fiz um bom trabalho, graças a uma excelente equipe reunida no departamento. Nossa matéria-prima era o arquivo do jornal, mas conseguimos transformá-lo em algo vivo e inquieto, a julgar pelas matérias produzidas. Tive também como missão editar um livreto teórico, intitulado *Cadernos de Jornalismo*. Alberto Dines investia no debate, no exame das correntes que atuavam no exterior — era, na verdade, um editor adiante de seu tempo. Além de cuidar dos *Cadernos de Jornalismo*, minha tarefa era preparar, através de um curso, jovens estagiários, com os quais pensávamos garantir o processo de renovação do jornal.

Visto da sacada do número 110 da avenida Rio Branco, o espetáculo era eletrizante. Jovens lutavam contra a polícia numa atmosfera envenenada pelo gás lacrimogêneo. Mais leves e ágeis, os estudantes conseguiam escapar das mãos da polícia e, em certos momentos, levantavam os capacetes caídos, troféus que exibiam como toureiros a rodar a capa vermelha.

Havia algo mais que gás lacrimogêneo no ar. Uma euforia, olhares cúmplices, além de papéis e objetos mais pesados que caíam de alguns prédios nos ombros dos policiais. Então a história era aquilo? Nós, que a perseguíamos nos relatos amarelados do arquivo, nos episódios oficiais do cotidiano, a víamos chegando à nossa porta, com gritos, pancadas e algumas gotas de sangue.

Eu não era estudante. Tinha de encontrar algum argumento razoável para estar ali entre eles, correndo da polícia. Voltei-me para o Sindicato dos Jornalistas. O movimento estudantil não acontecia num vazio. Setores da classe média estavam insatisfeitos. Os artistas percebiam que sua liberdade estava ameaçada, os jornalistas mais ainda. O processo de contenção de gastos que preparava a economia para um novo impulso deixou marcas. Uma delas, o chamado arrocho salarial, atingiu os mais pobres, embora tenha acarretado consequências em outros setores de assalariados.

O Sindicato dos Jornalistas estava incomodado, mas não sabia nem queria lutar diretamente contra o governo. Atuou e se deu bem quando o presidente era Goulart e havia uma aliança entre ele e os sindicatos. Agora, apesar das discussões intermináveis, não conseguia achar o caminho efetivo de uma oposição à ditadura. A saída foi organizar um movimento de oposição e com ele levar apoio ao movimento estudantil.

Demos a nós mesmos o título de "jovens jornalistas". Procurávamos orientar as coberturas das manifestações, informando os repórteres de pontos de reencontro e passando listas de presos e desaparecidos, quando tínhamos acesso a elas. Nós nos misturávamos aos estudantes, corríamos como eles, e tentávamos imprimir um tom simpático à cobertura dos incidentes. Nossa atuação não foi decisiva, mas teve um peso no crescimento das manifestações que culminaram com a Passeata dos Cem Mil, no Rio, entre a Candelária e a Cinelândia.

A adesão dos artistas ao movimento contra a ditadura foi um fator que aqueceu a atmosfera revolucionária. Os teatros serviam de palco para assembleias, durante as quais os estudantes também tinham voz. De um modo geral, as reuniões eram feitas às segundas, quando há folga da companhia, ou mesmo depois dos espetáculos, com o cenário ainda montado.

O movimento estudantil e a classe artística tinham estilos diferentes. Os estudantes usavam as mãos de uma forma especial. Com uma delas estendida batiam na palma da outra, como se estivessem cortando algo, separando os temas. E empregavam as expressões encontradas nos livros que circulavam em grupos de estudo, como a *História da riqueza do homem*, de Leo Huberman. Já os artistas eram mais espontâneos e, eu diria, mais sentimentais. Reconheciam que alguma coisa estava errada, que já não suportavam a situação, e estavam dispostos a ir às ruas. Tinham mais medo, talvez se sentissem menos ágeis ou mais velhos para brigar com a polícia na rua. Mas, apesar de tudo, jogavam-se generosamente no movimento.

Entre nós, nos botequins, já era presente a discussão sobre a arte engajada, para usar a expressão dos existencialistas franceses. O teatro já experimentara um caminho de participação, através do CPC, Centro Popular de Cultura. Isso teve repercussão durante o governo Goulart. Muita gente esperava a continuidade de um tipo de arte que dissecasse a sociedade e apontasse os rumos da rebelião.

Não posso afirmar que tenha escapado dessa visão estreita. Nos festivais de música, torcia abertamente pelas canções que traziam críticas políticas em suas letras. Numa discussão sobre música popular, fui advertido por Carlos Zilio, que era militante do movimento estudantil, da limitação de minhas ideias. De fato, ele tinha um olhar mais amplo e generoso sobre arte, tanto que mais tarde se tornou um pintor importante.

Minhas posições não eram monolíticas. Lembro-me de ter tido uma discussão num grupo de esquerda, na qual defendia o talento de Clarice Lispector. Diziam que ela era alienada, introspectiva e outras coisas mais. Eu respondia que era a maior escritora brasileira do momento, entusiasmado com alguns de seus contos publicados na revista *Senhor*.

No dia da famosa Passeata dos Cem Mil, quem estava na linha de frente, protestando contra a ditadura militar? Clarice. Ninguém refletiu muito sobre isso na época. Como conciliar a presença da escritora na avenida com todos aqueles clichês a respeito de seu trabalho?

A maioria dos artistas se empenhava pela democracia. Mas nem sempre o movimento os tratou com o afeto merecido. Foi o caso de Tom Jobim, que viu sua canção "Sabiá", em parceria com Chico Buarque, ser vaiada no Festival Internacional da Canção de 1968. Ele costumava frequentar o Degrau, onde eu e o cronista capixaba Carlinhos de Oliveira comíamos no Leblon. Tom era um excelente contador de casos e entendia de passarinhos como nunca mais vi ninguém entender, pelo menos nas grandes cidades. Chamava-os pelo nome, imitava o canto, descrevia sua penugem e hábitos.

Sua vida teve muitos momentos importantes, depois de 1968. Jamais consegui avaliar, entretanto, o quanto perdurou em Tom aquela ponta de amargura por ver uma canção muito mais elaborada que a de Geraldo Vandré ser contestada pelo público. Inteligente como era, percebeu a conotação política do que se passou, mas ainda assim talvez tenha sido difícil para ele considerar a hipótese de se jogar a estética no lixo por uma simples mensagem de luta.

A discussão sobre os rumos da arte era secundária em relação ao debate sobre a mudança do regime. Mencionei os livros de Caio Prado e Huberman, mas o que eles mostravam era como o capitalismo funcionava. Um novo e interessante texto entrara no país, através do Chile, e tratava de coisas práticas: como fazer a revolução. Era o livro de Régis Debray, *Revolução na Revolução*, que teorizava sobre o movimento guerrilheiro de Cuba. Mais escritor que político, Debray não só passava uma visão mítica dos revolucionários cubanos como estimulava que se seguisse o exemplo de Sierra Maestra. Essas discussões tinham um sentido prático imediato: o caminho era criar focos guerrilheiros, cercar a cidade pelo campo, fazer insurreições, greve geral, ou combinar isso tudo?

As manifestações sucediam-se sem que a ditadura cedesse. Alguns gestos mais amenos, como receber uma delegação de estudantes no Planalto, foram adotados para mostrar boa vontade. Mas o debate entre os militares fervilhava. Era preciso endurecer, diziam algumas correntes, sem nenhuma alusão a manter a ternura, como na frase de Guevara. Endurecer para evitar o caos. O discurso do deputado Márcio Moreira Alves, protestando contra os militares e pedindo às moças que não namorassem com eles, foi usado como estopim para o AI-5, um golpe dentro do golpe que iria colocar a censura, fisicamente, nos jornais.

Se o drama da implantação da ditadura fosse exposto cronologicamente, o AI-5 seria o fim do primeiro ato. Ele foi decretado em 13 de dezembro de 1968. Juntamente com os estudantes, esboçamos uma reação e saímos para as ruas com panfletos. Mas era época de Natal. Chegamos a trabalhar na missa do galo, porém os fiéis não reagiram.

Vivíamos uma realidade à parte. Em nossas análises, encerrava-se o período de luta política. Chegara a hora da luta armada. As pessoas estavam indiferentes nas vésperas do Natal. Também elas viviam uma realidade à parte, e a melhor forma de arrebatá-las seria o exemplo. Ações armadas, inicialmente feitas por nós, iriam se multiplicar no país. Um, dois, três, muitos Vietnãs, a profecia de Che Guevara seria cumprida na América Latina. Duas crenças se chocavam naquele dezembro meio chuvoso: Papai Noel e a revolução socialista. Eu não imaginava que a primeira sobreviveria à segunda.

4.

A clandestinidade foi um período curto que tentei descrever no livro *O que é isso, companheiro?*, cuja primeira edição é de 1979. No entanto, nunca fiz um esforço real para entender aqueles quatro meses. Era como se esse tempo vivido tivesse se instalado numa dimensão da memória que doía a cada tentativa minha de exercitá-la, como se ela fosse um músculo distendido.

A primeira camada de romantismo na opção revolucionária é despojar-se do nome, da própria casa, tornar-se outra pessoa para os desconhecidos. Na juventude, ouvimos muito a história do homem que saiu para comprar cigarros na esquina e nunca mais voltou. Era a forma como alguns maridos escapavam do tédio matrimonial.

A clandestinidade tinha esse potencial da história do homem que foi à esquina e não voltou; no fundo, era uma tentativa de nascer de novo, de livrar-se de todas as contingências do passado.

Se a tarefa coletiva do socialismo era a de criar o homem novo, nada mais razoável que tentar essa proeza no plano individual, deixar pelo caminho as hesitações e a mediocridade do pequeno-burguês. No plano coletivo, o preço disso era a repressão e alguns fuzilamentos; no plano individual, bastava matar uma parte de si mesmo.

O período que se abriu com o AI-5 realmente bloqueou muitas frentes de luta política. Isso não significava que todos deveriam cair na clandestinidade. Eu não era conhecido da polícia, tinha uma excelente posição no *Jornal do Brasil*, dirigindo o departamento de pesquisas. Por que me precipitei?

Embora não exista uma só resposta, era evidente para mim que, dentro do nosso microuniverso, os clandestinos tinham mais importância. Representava uma espécie de ascensão cair na clandestinidade, deixar um rastro de silêncio entre os que ficam para trás e, apreensivos, notam a sua falta.

Quem era conhecido da polícia política estava queimado; portanto, para esses a clandestinidade despontava como um caminho natural. Mas nem todos os militantes estavam totalmente queimados, e esse era o meu caso. Porém, ao deixar o *JB* pela luta clandestina, deixaria de trabalhar, de produzir meu sustento. Viveria com os recursos da organização, a que chamávamos intimamente de O.

Nesse ponto, a experiência da clandestinidade me afasta do homem que saiu para comprar cigarros. Ele mergulha no desconhecido ao virar a esquina. A O. daria o dinheiro para a minha sobrevivência, um lugar para morar e a permanente informação sobre o curso da luta. A O., com tudo de redondo que a letra sugere, me envolvia como uma bolha com sua diáfana camada protetora.

Mas tanto eu como o homem dos cigarros na esquina viveríamos a experiência existencial da reinvenção que o romantismo inspirou. Cada um com suas circunstâncias. Homem comum, como o Quincas Berro Dágua da novela de Jorge Amado, eu poderia mergulhar nas mais extravagantes aventuras que a seriedade familiar inibia.

Minha experiência tinha um ardor religioso. O batismo com novo nome era apenas o começo. Novos valores iriam compor meu universo, uma nova fraternidade se instalaria nas relações com os companheiros de luta e simpatizantes que se arriscavam para nos proteger. Mas ainda assim era preciso redefinir quem era eu. O modelo era o homem de rua, de preferência o trabalhador. Era preciso não chamar atenção, desaparecer na massa de assalariados que entravam e saíam dos trens.

José Roberto, estudante de economia e, na época, namorado de Vera Sílvia Magalhães, deixou crescer um bigode fino. Ele era o interlocutor mais importante para mim na Organização. Tínhamos a mesma autoironia, conseguíamos, dentro dos limites, rir da própria seriedade. A seu lado, era possível perguntar: e se tudo for uma grande ilusão?

Além do discreto bigode, José Roberto usava calça de tergal e camisa branca. Era assim que nos disfarçávamos. Não era preciso parecer um operário de macacão, bastava aparentar ser um pequeno funcionário, um modesto assalariado.

Isso nos subtraía um certo charme diante do mundo em geral, mas não causava nenhum problema no universo fechado da O. Pelo contrário: a clandestinidade nos envolvia numa aura de mistério e capacidade de entrega; as roupas nos aproximavam da classe operária e nos banhavam com alguns raios da gloriosa luz da classe oprimida, destinada, em nossas teorias, a comandar o curso da história.

Naquela época, eu detestava acordar cedo. Sentia, diante da madrugada, ao deixar a cama, a mesma sensação de desamparo de quando estou prestes a mergulhar em água fria. Nas nossas reuniões, tudo era visto pelo ângulo da firmeza ideológica. Acreditar nas premissas da revolução, saber que estávamos construindo o futuro, que o socialismo compensaria a todos segundo seu trabalho, o comunismo a todos segundo suas necessidades — tudo isso ajudava a enfrentar a aspereza de saltar da cama. Tudo isso e um café amargo.

Nossa missão era panfletar em portas de fábrica, comunicando aos operários exatamente aquelas ideias que nos ajudavam a sair da cama. Trabalhávamos com textos mimeografados. Os mimeógrafos eram uma ferramenta estratégica. Quando pequenas organizações rachavam, naqueles tempos a grande questão era quem iria ficar com o mimeógrafo. Os textos recorriam a imagens simples, do tipo "Não deixe que a ditadura jogue areia nos seus olhos", mas a impressão no papel era lastimável. Nosso sonho de consumo era uma impressora offset, que poderia produzir um jornalzinho de verdade.

Preocupados em bater o ponto, os operários tinham pressa. Alguns liam o panfleto, outros o dobravam e o metiam no bolso; alguns discutiam, outros se mostravam abertos a prosseguir o debate num outro dia. A eficácia das ações podia ser medida pelo número de panfletos guardados, pelos olhares de cumplicidade. Na maioria das vezes, saíamos animados. Afinal, era uma luta a longo prazo.

Em locais arriscados havia segurança armada. Nunca víamos quem fazia esse trabalho, nem sabíamos ao certo se havia mesmo alguém escalado para essa função. Mas isso nos dava um certo conforto.

Quando você é clandestino mas desconhecido da polícia, ainda existem algumas janelas para o cotidiano. O único problema é encontrar um amigo e explicar por que você anda sumido dos bares.

Buscávamos em todos os lugares os sinais de uma revolução no horizonte. A imprensa não nos passava nenhum. Ao contrário da O., com suas análises de conjuntura, uma antiga prática herdada do Partido Comunista.

Víamos o processo de reorganização do capitalismo brasileiro pelo ângulo da crise. Não suspeitávamos ainda do crescimento continuado, da futura satisfação da classe média com a euforia do chamado milagre econômico. Não chegávamos a utilizar com muita ênfase a frase tão ouvida no passado: "O capitalismo está em crise, o socialismo avança em todo o mundo". Procurávamos nos concentrar nos dados da realidade imediata, como o arrocho salarial, por exemplo. No entanto, era preciso acreditar no inevitável colapso do capitalismo, para acordar cedo e doutrinar operários.

Mesmo um movimento cultural como o tropicalismo só me interessava, na época, na medida em que repetia o que eu gostaria de ouvir. Rodava o disco de Gil para ouvi-lo gritar "Marighella". Ou então repetia os versos de "Soy loco por ti, América": "El nombre del hombre muerto/ Ya no se puede decirlo". Embora olhasse com respeito a Semana de Arte Moderna, de 1922, e o movimento concretista que produziu um caderno cultural no *Jornal do Brasil*, não tive abertura de espírito para entender o tropicalismo.

Afinal, eram todos os três movimentos inovadores. Para mim, a música popular precisava ser engajada. Além disso, vivíamos numa época, eu achava, em que era necessário lutar com todos os versos e acordes para derrubar a ditadura. Certas críticas ao tropicalismo, como a que estigmatizava o uso da guitarra eletrônica, me pareciam uma bobagem. Talvez eu visse o movimento como algo próximo do anarquismo, algo que poderia sintonizar melhor com os hippies do que com a revolução socialista em marcha.

Num período um pouco anterior à clandestinidade, eu provara certa ambivalência em relação ao filme *Terra em transe*, de Glauber Rocha. Num debate no Museu de Arte Moderna, cheguei a criticar o filme porque propunha a luta armada. Naquele momento, minhas hesitações eram de outra ordem. Havia no filme uma militante de nome Sara, interpretada por Glauce Rocha, que simbolizava a luta anônima, cotidiana e pacífica contra o regime. O personagem principal, Paulo Martins, interpretado por Jardel Filho, encerrava o filme atirando de uma forma solitária e desesperada. Defendi a tese de que a opção de Sara era politicamente mais madura.

Fiquei sozinho no debate. O filme era admirado por todos. Minha insistência em contestar a maioria era uma defesa contra meu próprio destino. Fui o único debatedor a defender uma saída pacífica e acabei aderindo à luta armada. Sinal de que, no fundo, o paradoxo estava dentro de mim mesmo. O fascínio da luta armada já existia no meu inconsciente enquanto eu defendia uma luta pacífica e diuturna contra o regime militar.

No balanço feito agora, reconheço que houve tropeços na minha compreensão dos movimentos artísticos. Eu deveria ter ligado o tropicalismo à Semana de Arte Moderna, apesar das diferenças entre literatura e música popular. E deveria ter visto o filme de Glauber não apenas por sua mensagem, como se fosse um mero telegrama.

Meu interesse intelectual se voltava para o marxismo. "Um dia", pensava, "ainda lerei tudo e discutirei a teoria em seus próprios termos." Mas os textos clássicos eram muito ásperos. Encontrei uma porta de entrada na biografia de Trótski, escrita por Isaac Deutscher. É uma grande obra, dividida em três tomos. Deutscher tem algumas habilidades literárias ausentes nos textos de Lênin, por exemplo. Além do mais, fala de um tempo convulsionado por crises e lutas internas, mas focando um destino individual, do homem Trótski. Tanto a habilidade de Deutscher como a ideia de acompanhar aquele período através de uma vida eram uma espécie de música para quem, como eu, valorizava escolhas pessoais.

A aura romântica, o desfecho trágico, há muitos elementos para que se siga a trajetória de Trótski como uma história de ficção. Não era essa a intenção inicial de Deutscher, e o próprio Trótski acharia superficial esse tipo de interesse do leitor. Há pontos de contato entre a experiência de Trótski e o descontentamento com o PC no Brasil. Aqui, uma visão burocrática da esquerda contribuiu com o golpe de Estado. Na Rússia, a burocracia perseguia e esmagava o ideal de uma revolução continuada, permanente.

A trajetória que Deutscher descreve, guardadas as diferentes circunstâncias, encontrou um paralelo na vida de Che Guevara, que seguia adiante depois da vitória em Cuba. Tanto o Che como Trótski ordenaram a morte de muita gente. Mas esses fatos ou não eram ressaltados ou desapareciam na atmosfera romântica que os envolvia.

A trilogia de Deutscher era uma leitura emocionante e prazerosa. Tanto que, ao punir por indisciplina alguns militantes, o dirigente da O. dizia que era preciso cumprir a suspensão com rigor, meditando ou trabalhando, sem usar o tempo para ler o primeiro volume da biografia, *O profeta armado*.

Nossa principal atividade ainda era panfletar em portas de fábrica. Não oferecia grande risco, embora em alguns casos alguém pudesse chamar a polícia. Essa rotina foi quebrada no momento em que projetamos algo maior que essas incursões esporádicas. Faríamos um jornal nacional com uma offset já comprada pela Organização, provavelmente com dinheiro obtido numa ação armada.

Era uma excelente nova trincheira para mim. Fui instruído a alugar uma casa em que a offset pudesse ser instalada. Precisava ser ampla para que o barulho não chegasse aos vizinhos. Quando cumpri essa tarefa, surgiu algo que teria uma grande importância em minha vida: o sequestro do embaixador americano. A ação fora planejada em outras instâncias e todas as suas etapas estavam calculadas. Faltava apenas definir a casa onde o embaixador seria mantido.

Assim morreu a semente do jornal que se chamaria *Resistência*, e começou uma verdadeira revolução, não no país, mas na minha própria vida. Uma revolução que seria marcada por consequências à altura do passo audacioso que iríamos dar.

5.

A casa na Barão de Petrópolis tinha dois andares. Era bastante grande para quem, como eu, queria apenas um quarto para dormir, lugar para os livros e um cômodo nos fundos, cujas paredes de isopor sufocariam o barulho da offset rodando o jornal *Resistência*.

Uma escada interna ligava a garagem ao resto do imóvel. Embora não tivesse sido esse o único motivo para a escolha, a intimidade entre garagem e casa fascinou a O. e arruinou nosso projeto de jornal. O casarão meio vazio onde ganhariam vida impressa as manchetes revolucionárias se tornou ele mesmo o cenário de uma das mais audaciosas ações da resistência armada.

Além da offset, nossa riqueza consistia numa Kombi branca, destinada a transportar os jornais quando viessem à luz. A Kombi foi comprada em nome de Francisco Nelson. E essa foi uma das dores que herdei da ação.

Francisco Nelson era meu amigo, havia participado do grupo de jornalistas que se unira ao movimento dos estudantes. Ele não era da O., mas de uma das opps (Organizações Parapartidárias).

Mesmo sem ter nenhum vínculo com a ação, foi condenado ao exílio por seu nome constar no documento da Kombi branca. Exílio que compartilhamos — eu, ele e minha culpa. Culpa, aliás, que a fisionomia quase sempre risonha de Francisco ajudou a dissipar. Em certos momentos, quando preferia se recolher em seu silêncio, o sorriso lhe servia de cortina para que o deixassem em paz. Ele namorava uma das mais belas suecas que conheci. Chamava-se Cristina, tinha o cabelo castanho. Quando eu os via tomando um vinho argelino, de que todos nos servíamos nas festas, pensava que afinal a vida não fora assim tão dura com ele.

Outras dores se abriram com o sequestro. Marcos de Castro, um jornalista amigo que havia sido meu fiador no Diners, foi preso e torturado por isso.

Lembro-me ainda de dona Lina, uma diarista que veio comigo do Leblon para a Barão de Petrópolis. Ela trabalhava para mim uma vez por semana, mas no novo endereço sua presença já não era tão fundamental quanto fora em minha casa no mundo legal. A da Barão de Petrópolis era um aparelho usado exclusivamente pela O. A frequência semanal da faxineira funcionava como um álibi, pois um casarão deveria ter empregados.

Não tinha como contatar dona Lina para avisá-la que não viesse nos dias seguintes. E, quando ela apareceu, depois do sequestro, a casa estava tomada por militares. Ela percebeu a situação e passou direto, por isso não foi presa. Não pude me despedir dela como gostaria.

Minhas dores são ínfimas perto da angústia de um sequestrado. Jamais tive contato com essa experiência, exceto no cinema, ao assistir a um filme em que Henry Ford interpretava um músico que era preso por engano no metrô. O personagem não tinha como se comunicar com a família para dizer o que havia acontecido. Passava uma sensação de desamparo pensando nos que ignoravam sua prisão e o esperavam em casa.

Durante as primeiras horas, o embaixador era apenas o símbolo de um poderoso país. Deveria ter armas secretas. Era o que fantasiávamos a respeito de um representante do império americano no Brasil. Onde estava, por exemplo, o dispositivo que indicaria sua localização? Naquela época, isso era somente uma hipótese. Hoje, o GPS é uma tecnologia ao alcance da mão. Diante da pasta preta do embaixador dos Estados Unidos, no entanto, era possível imaginar tudo.

Ele usava uma camisa social, sem gravata, e tinha um curativo na testa. Às vezes fechava os olhos, como se quisesse estar longe dali. Nesses momentos, eu imaginava que ele se preocupava com sua sorte. Eu ainda não era pai, não ponderava sobre esse medo dos filhos em relação ao destino do pai nem sobre o fato de um pai se preocupar com seus filhos.

Com o tempo, a pessoa do embaixador, com sua voz, suas ideias, suas idas e vindas ao banheiro, seus cochilos, ia se impondo ao símbolo.

É muito grave uma pessoa sequestrar outra. Numa situação como essa é preciso esquecer a pessoa e se fixar no símbolo. Ele era o embaixador dos Estados Unidos, estávamos numa guerra revolucionária, contra o capitalismo e o imperialismo, buscavam-se categorias cada vez mais abstratas para ofuscar o indivíduo e com isso justificar a violência de arrancá-lo de sua vida cotidiana e levá-lo para o cativeiro.

O marxismo, em princípio, era o instrumento de análise. Mas o que dava base àquela luta armada era uma interpretação bem livre dos fundamentos da doutrina. Na verdade, nenhum de nós conhecia o marxismo a fundo. Nos primeiros meses parecia uma teoria generosa: onde quer que mirássemos, achávamos um insight novo sobre o que discutiam os jornais ou mesmo os teóricos burgueses. Mas esse fascínio vinha colado a um perigo que mais tarde se instalou: o conforto de ter uma opinião sobre tudo e de conhecer, de antemão, o script da história, cuja dinâmica era dada pela luta de classes que, fatalmente, desembocaria no socialismo e, em seguida, no comunismo.

Talvez por isso, durante minhas conversas com Elbrick, ele me olhasse como se duvidasse de minha existência, como se habitássemos mundos paralelos. Um experiente diplomata americano conhecia as ideias básicas da esquerda.

Mas, naquelas circunstâncias, meu discurso parecia o texto de um manual. Falava do avanço do socialismo, das lutas nos Estados Unidos, da importância dos Black Panthers, o lado mais aguerrido do movimento negro. Ele parecia desolado com minha distância da realidade. Os Black Panthers não tinham essa importância, os Estados Unidos não seriam varridos por nenhuma onda revolucionária.

O embaixador e eu conversávamos no primeiro andar, quando me tocava fazer plantão no seu quarto. Um grupo ficava sempre na sala, discutindo em voz baixa, analisando os passos do governo. Minhas conversas com Elbrick eram interrompidas pelas outras incumbências. Eu não tinha experiência de luta armada, participava da ação só porque morava na casa. Procurava cumprir as tarefas, estar à altura delas.

Na primeira noite, fui comprar pizza para todos. Não imaginava, na fila da pizzaria, que o mundo não seria mais o mesmo para mim. Apenas sentia o cheiro de mozarela no forno, sem saber que não sairia mais tão facilmente pelas ruas do Brasil. Com as caixas levemente engorduradas na mão, estava envolto numa euforia com o sucesso da ação, e além do mais detinha um segredo que interessava a todo mundo.

Já tinha vivido essa experiência, nas madrugadas em que saía da redação dos jornais — a de conhecer, antecipadamente, fatos que iriam estarrecer as pessoas. Mas agora era diferente. Sentia-me no centro da história, não era somente uma testemunha. O contato com as caixas de pizza simbolizava a importância de minha tarefa de providenciar a primeira refeição do grupo.

Enfim, a vida estava banhada em outra luz. Voltei para a casa, mas ainda não imaginava como Elbrick me veria. Só mais tarde, como prisioneiro, percebi o privilégio do carcereiro, seus movimentos de ida e vinda. Preso, eu invejava aquela liberdade.

O embaixador não conhecia os meandros da ditadura, não tinha informações sobre a tortura nas cadeias. Não posso afirmar que os americanos ignorassem os procedimentos então correntes. Mas Elbrick era apenas um diplomata. A existência de uma luta armada, a tortura nas cadeias, tudo isso parece ter sido para ele um relâmpago em céu azul, o que ampliava o absurdo.

Diplomaticamente, tentou se aproximar, afirmando que admirava d. Hélder Câmara por sua preocupação com os pobres. Com isso talvez quisesse dizer que aquela era a oposição que conhecia, ou que os ideais de uma reforma social pacífica eram os limites de uma oposição razoável.

O grupo da ação, reunido na sala, falava como se estivesse num velório. Não havia confrontos na escolha da lista dos prisioneiros a serem libertados em troca de Elbrick. O clima era fraternal. No fundo, compor uma lista não era fácil, sobretudo pela necessidade de decidir quem ficaria de fora. O ideal era libertar todos os prisioneiros políticos, mas o primeiro sequestro pedia certa prudência.

Ainda que o clima fosse de enterro, havia excitação nos olhares. Todos os passos da ação foram planejados. O fato de o governo responder da forma esperada reforçava nossa confiança. Tudo deveria, entretanto, acontecer num prazo curto. Tínhamos alguma comida armazenada, mas era preciso prepará-la. O Velho, assim chamávamos Joaquim Câmara Ferreira, sabia fazer arroz de carreteiro.

Os únicos que tinham permissão para sair da casa éramos eu, teoricamente o ocupante, e Baiano, um militante que passava por empregado. Mas havia os vizinhos, a polícia vasculhando todas as áreas da cidade, enfim, a ação dependia de um prazo curto para ser bem-sucedida.

Encaminhamos um manifesto que foi lido na televisão. Eu fui o encarregado de colocá-lo num ponto da cidade, no caso a igreja da Glória, e comunicar à imprensa a existência do documento, através de um curto telefonema. A visibilidade do feito levaria a ditadura a se comportar com mais cuidado. A simples leitura no noticiário já representava uma vitória, sem contar o êxito da ação de capturar Elbrick.

O manifesto me deu alguma dor de cabeça. Várias pessoas atribuíram a mim sua autoria, embora ele tivesse sido escrito por Franklin Martins. Como eu fora redator no *JB*, muitos conheciam meu estilo e equivocadamente o identificaram no documento. Gostava muito do texto, especialmente do trecho que dizia: "Agora é olho por olho, dente por dente". Não conhecia Gandhi, não tinha a mínima ideia de que, como ele previa, com a tática de olho por olho acabaríamos todos cegos.

Vocês matariam o embaixador? Essa foi uma pergunta recorrente nos anos que se sucederam. Confiávamos em nossa análise política e víamos a realidade se desdobrar de acordo com ela. Era muito remoto um desfecho dramático. Não havia plano específico de matá-lo, apenas o temor de morrermos juntos.

Na minha cabeça, a ação tinha dado certo mas demorava a terminar. Os segundos eram preciosos. Estava ansioso como os reservas de um time que está vencendo e, nos últimos minutos, gritam da beira do campo: "Acabou, acabou".

* * *

    O sequestro, no entanto, custava a acabar. Na noite da véspera do Sete de Setembro — a data da Independência Nacional —, dois homens bateram na porta. Trouxeram uma apreensão silenciosa. Na sala, todos tomaram posição de combate. Como morador da casa, eu era o único a poder abrir a porta. Senti que o grupo estava preparado para o tiroteio e pensei que minha posição, entre dois fogos, não era cômoda.
    Acreditava muito nos companheiros, estava certo de que agiriam com cuidado. Abri a porta e dispensei os sujeitos. Eles disseram procurar por alguém, deram um nome fictício — no fundo queriam apenas checar o que se passava lá dentro.
    Fechei a porta, e o comando da ação mandou que eu saísse e seguisse os dois homens. Deixei que avançassem uns cinquenta metros e fui atrás. Entraram numa casa, parei diante dela e ouvi que falavam pelo rádio. Eram militares. Tínhamos sido descobertos. Ou, no mínimo, éramos uma das muitas casas que estavam sendo monitoradas na cidade. Nem isso abalou a nossa confiança. As coisas marchavam dentro dos prazos.
    Quando saía pelas ruas para deixar as mensagens, pensava na hipótese de prisão, mas tinha certeza de que me soltariam: seria mais um nome na lista dos presos a serem libertados.
    Imaginávamos Nixon dependurado no telefone, de madrugada, aos berros com William Rogers, seu secretário de Assuntos Externos: "Rogers, que merda é essa?".
    Se a sincronia fosse perfeita, Charles Elbrick seria afinal libertado, depois de quatro dias, no fim da tarde de um domingo, quando havia jogo no Maracanã. Estávamos próximos da área do estádio, que fica muito movimentada em tardes de futebol. De fato aconteceu assim. Os presos trocados pelo embaixador foram

levados para o México e fotografados chegando ao país. Tudo como previsto. Exceto pela presença da polícia.

Nas primeiras horas do domingo, já sabíamos da presença dos policiais. Eles nos olhavam do lado de fora, meio escondidos; nós os olhávamos, meio escondidos, do lado de dentro.

As horas que antecederam a saída da casa foram repletas de movimentos graves e concentrados. Elbrick estava um pouco nervoso. Vestiu de novo o paletó, dei uma de minhas gravatas para ele. Daria todas se fosse preciso, pois não imaginava que fosse usá-las de novo ao longo da vida.

Ele havia passado por um bom momento, quando escreveu, horas antes, o bilhete para a mulher. Não tinha muito a dizer, exceto que estava bem, mas o simples fato de desenhar as letras e imprimi-las no papel já era a mensagem de que estava vivo. Daí a concentração mais na caligrafia que no próprio texto.

Ao sair, olhei para a casa pela última vez, para os livros, e senti uma pontada pela perda da primeira biblioteca. Olhei para os companheiros da ação. O velho Joaquim Câmara Ferreira, legendário comunista que esteve na guerra da Espanha, que usava suspensórios e cozinhava tão bem. O comandante Jonas, Virgílio Gomes da Silva, o mais preparado em termos militares.

O grupo deixou a casa para libertar Elbrick, um carro com militares se aproximou. Eles se interpuseram entre o carro do embaixador e o nosso, onde viajávamos Paulo de Tarso, Joaquim Ferreira e eu. Os militares colocaram armas para fora da janela, mas não atiraram.

Na frente do carro com o embaixador, seguia outro, por razões de segurança. Quando os dois primeiros veículos desceram a Barão de Petrópolis e se aproximaram do fluxo do trânsito, o motorista do grupo conseguiu com uma manobra despistar os militares e se afastar. Eles tentaram recuperar o tempo perdido, mas isso não era fácil num trânsito dominical, exatamente depois de um jogo no Maracanã. Com isso, nosso carro também escapou, pois ficamos distantes da perseguição.

Estávamos satisfeitos com o resultado. Mais feliz ficou o motorista de táxi José Matheus de Souza, que levou Elbrick para casa, ao encontro da mulher. Aquilo foi motivo de orgulho para ele, um sentimento que nunca murchou com o tempo.

"Sinto muito o que aconteceu com o senhor", disse, ao reconhecer Elbrick e acolhê-lo em seu táxi. Sua solidariedade lhe valeu também um emprego na embaixada americana, onde trabalhou por 28 anos.

Com o fim da ação, minha vida seria marcada por ela. Meu pai sempre dizia, ao me ver em situações difíceis: "Você se meteu em maus lençóis". Mas isso era uma referência aos problemas do cotidiano. Os lençóis de agora tinham o linho da história, o cheiro da vitória contra a ditadura militar e o imperialismo norte-americano, a Babilônia, como era chamado pelos Black Panthers.

A prisão de amigos que a polícia ligava a mim e a perseguição ao meu pai, que trabalhava pacificamente em Juiz de Fora, aconteciam um pouco à margem; eu estava mais preocupado em fugir e recomeçar a atividade revolucionária em outro lugar.

Na primeira noite, saí rapidamente do esconderijo para pintar os cabelos. O objetivo era me disfarçar, mas me senti idêntico a mim mesmo, só que um pouco mais ridículo. Com nossos nomes nos jornais e em cartazes espalhados pelo país inteiro, minha clandestinidade mudava de rumo.

Não era mais um faz de conta. Estava queimado e o diagnóstico não poderia ser outro: geladeira. Isso queria dizer permanecer numa casa e não sair para nada, até que a O. reunisse condições para me recolocar na rua. Estar na geladeira significava dependência extrema. Não só se ficava privado de notícias, como se perdia a autonomia, numa dependência física da pessoa encarregada de nos abrigar.

Eu deveria ignorar onde estava. Era preciso preservar os simpatizantes, e por isso procurávamos nos deslocar de olhos fechados, para saber o mínimo. No entanto, eu sabia que estava em Ipanema e conhecia a dona da casa. Por coincidência, estava em algum ponto da rua Jangadeiros, que, de todas as ruas de Ipanema, era a que eu conhecia melhor. Jamais fui à janela ou fiz algum gesto ou ruído que pudessem despertar a curiosidade dos vizinhos.

Numa situação de geladeira, quando o dono da casa sai não pode haver barulho no apartamento. Ao sair, ele leva consigo todas as suas chances de entrar no chuveiro, arrastar uma cadeira, tossir, espirrar. No momento em que volta, sua simples presença libera o corpo do militante escondido na sua casa: este pode, enfim, se movimentar, tropeçar ou produzir qualquer outro ruído comum aos mortais.

De vez em quando alguém da O. viria para dar assistência. Eram rápidas análises, troca de informações e, em seguida, de novo o vazio.

Eu não me reconhecia no mundo que descreviam os jornais e a TV. Esperava que novas ações acontecessem, que a revolução se pusesse em marcha. E sonhava com a rua, sentia às vezes o cheiro do mar, mas não o via nem o ouvia. Nem mesmo sei se aquilo era uma brisa marinha ou apenas a lembrança dela.

Sentia muito a prisão de Cláudio Torres. Ele foi o primeiro a cair, porque deixou um paletó na casa e nele havia a etiqueta do alfaiate. Cláudio tinha me pedido que levasse seu paletó quando eu saísse dali. Mas não me lembro de ter sido informado de que meu esquecimento poderia pôr em risco a liberdade dele. Eu não me culpava por isso. Apenas o imaginava mais um dos nossos, preso e torturado, sem que pudéssemos libertá-lo como fizemos com os quinze que foram para o México.

A geladeira protegia do mundo, mas por suas frestas entravam notícias dolorosas. O único bálsamo era a esperança de que a história estivesse do nosso lado. Era um período difícil para ler e estudar, apesar do tempo. A opção pela luta armada implicava ler ou comentar certos documentos, mas a medida de tudo era a ação. A luta armada constituía uma alternativa às derrotas da esquerda, que se alimentava somente de teorias e conversas.

Quando terminou a reclusão da geladeira, eu lamentava deixar aquele apartamento tão próximo de onde moravam Hugo Bidê — o que foi transformado por Jaguar num herói de história em quadrinhos do *Chopnics* —, o Professor Glaudir, personagens das noites boêmias do meu passado de jornalista. Agora, sim, tudo ficaria para trás.

Procurado pela polícia, iria para São Paulo com a missão de formar metalúrgicos para se integrarem à O. Era mais do que voltar às ruas, era cair no coração da história, trabalhando diretamente com aqueles que iriam dirigi-la. Ficaria numa casa no bairro de Santo Amaro. Mas sairia, como se trabalhasse normalmente. Como não tinha muito que fazer, vagava pelas ruas da cidade.

Meu contato era um operário articulado, que conhecia outras organizações e estava incumbido de ampliar o círculo. Ele faltou a um dos nossos encontros. Por questão de segurança, eu deveria ter abandonado a casa, mas não o fiz. E ainda fui ao botequim próximo, para tomar uma água tônica, último sabor da liberdade. Começava ali um novo capítulo: a prisão e o exílio.

6.

O momento da prisão talvez tenha sido, até hoje, minha experiência mais próxima da morte. Baleado nas costas pelos policiais que me cercaram, fui jogado no fundo de uma caminhonete e não sabia se ia resistir. Provavelmente havia uma hemorragia interna.

No caminho para o hospital, pensei na morte de dois irmãos bolivianos, os Peredo, e de outros que tombaram na América Latina. Os Peredo, Coco e Inti, eram adeptos da luta armada cubana e integravam os quadros de confiança de Che Guevara, na sua incursão pela Bolívia. São constantemente citados na biografia de Che, embora sua morte tenha tido pouca ou nenhuma repercussão no Brasil.

Eu iria para o mesmo território da memória coletiva, o dos que combateram e morreram na luta contra a tirania, o capitalismo, o imperialismo e outros ismos que os solavancos do carro traziam à consciência.

Não estava preparado para a morte apenas, sem elaboração. Toda aquela mitologia me dava forças para suportar a dor, dialogar com os médicos, sustentar que estava lutando contra a ditadura. Isso até que, sob o efeito da anestesia, prestes a adormecer como todos que se deitavam naquela mesa, eles me parecessem um tanto risonhos. Os jovens médicos do Hospital das Clínicas fizeram tudo para me salvar. Percorreram o caminho da bala, cortando, costurando, deixaram somente uma cicatriz. Nos primeiros tempos, no inverno, o lugar de entrada da bala doía um pouco. Depois, nem isso.

Acordei com gente me interrogando. "João, João", me chamavam pelo nome de guerra. Queriam pontos, aparelhos, é isso que querem sempre que prendem alguém: ampliar o espectro das capturas. O ponto era o nome dado aos encontros marcados entre os militantes. E os aparelhos, as casas onde poderiam prender gente e material. Naquele momento do interrogatório, minha defesa era a semilucidez do pós-anestesia, o sono incontrolado. Se foram capazes de entrar no quarto do hospital depois da cirurgia, agora não tinham condições de insistir. Logo eu seria transferido para um hospital militar, o que lhes daria mais margem de manobra.

Daquele hospital militar me lembro pouco, momentos de sono e vigília, entrecortados de interrogatórios, trocas de guarda. E me lembro da minha vulnerabilidade. Tinha uma sonda no pênis, e os enfermeiros militares a tiravam e recolocavam de acordo com seus humores. Tentava compreender o que se passava ao redor interpretando os sons que ouvia, algo que aprendi ali e tive de usar outras vezes, com as constantes mudanças de cárcere. Os ruídos, as trocas de guarda no quarto, os diálogos, as ameaças, eu processava tudo com o objetivo de sobreviver.

O fato de ter sido gravemente ferido me preservou de tortura no hospital. Alguns dias se passaram. Eu não tinha encontros para revelar, conhecia apenas o aparelho onde morava, estourado por eles. Minha esperança era que a notícia de minha prisão fosse divulgada. Isso significaria que eu estava vivo e tornaria menos provável a hipótese de me matarem na cadeia.

Naquele momento, eu já não fantasiava a morte. Todas as minhas energias estavam concentradas em viver, apesar de a bala ter atravessado estômago, rim e fígado. Quando tiraram a sonda do pênis, desligaram o soro e viram que eu estava melhor, levaram-me para a *Operação Bandeirantes*, a famigerada Oban. Aí, sim, começaria o verdadeiro período de cadeia. Prisões não me eram estranhas. Como repórter policial, tinha visitado muitas. Conhecia a pele encardida dos prisioneiros, o cheiro de mofo grudado no corpo. Agora, eu vivia uma experiência pessoal e uma prisão política.

Não consigo reconstituir o prédio da Oban. Lembro que as celas ficavam no térreo e que nos interrogavam no andar de cima. Éramos conduzidos de forma a não conhecer mais que o caminho de ida e volta aos interrogatórios.

Essa foi a minha primeira transferência, e confesso que gostei da viagem. Entre o hospital e a prisão, e mesmo de uma prisão para outra, havia o trajeto, um espaço onde não se estava em lugar nenhum. E isso era bom. Eu não me importava com a demora para chegar, e até me divertia quando reclamavam do trânsito, como fizeram quando me transportaram de São Paulo para o Rio, onde deveria permanecer preso até o julgamento e, depois, cumprir a pena.

Era como se a prisão fosse a morte, e o trajeto o tempo disponível de vida. O único consolo no ponto final era a esperança de encontrar outros presos e falar, incessantemente.

Eu dividia a cela com o cabo Mariani, um homem que deixava de lado suas dores e se preocupava com minha adaptação ao cubículo, em minhas primeiras noites naqueles colchonetes. Nas outras celas estavam um homem que alugou o sítio para o Congresso da UNE, em Ibiúna, e o frei Tito. Cada um com sua história.

Mas foi a de frei Tito a que mais me impressionou. Era um frade dominicano, do grupo que colaborava com a organização de Carlos Marighella. Frei Tito estava deprimido. E isso nos preocupava. A tristeza, apesar da parede que nos separava, também era uma ameaça à nossa estabilidade.

    Tito sofrera uma tortura brutal. Mariani estava moído pelas pancadas, e eu mal andava, convalescendo do tiro. O conforto ideológico do marxismo atenuava o impacto da decepção por ver seres humanos torturando outros. Afinal, aquilo era uma luta de classes, os inimigos eram violentos e simbolizavam o mal. Mas frei Tito via o mundo também pela ótica do cristianismo, acreditava na unidade da espécie humana, como no poema de John Donne: "A morte de um homem me diminui porque sou parte da humanidade". Deveria estar sofrendo ainda porque não via apenas, como nós, as forças da ditadura espancando militantes, mas também irmãos torturando irmãos.

    Anos depois, no exílio na França, frei Tito de Alencar se suicidou. Ainda que eu não tenha acompanhado sua trajetória em seus últimos anos de vida, ele foi uma figura da luta armada que jamais esquecerei. Uma tragédia pessoal vivida em tantos planos, o da política, o da religião, o do inconsciente — ao ter introjetado os torturadores, convivia com eles em seus delírios.

    Quando gritavam meu nome da porta da cela, o coração apertava. Era o interrogatório. Todos temíamos o momento em que nosso nome seria anunciado. Com o tempo, aprende-se a distinguir os chamados. Quando gritam seu nome e acrescentam "roupa toda", isso quer dizer que você será transferido. Antes da transferência para o Rio, ouvi algumas vezes apenas o meu nome, o que significava interrogatório. Os interrogadores nos esperavam numa sala no andar de cima, já com a máquina de choques na mão.

    Eu não tinha nenhuma informação que pudesse ser perigosa,

e eles talvez soubessem disso. Mas ainda assim acionavam a máquina, e eu sentia como se meu corpo fosse se partir em dois.

As perguntas eram feitas um pouco ao acaso, não seguiam uma linha previamente estudada. Isso me tranquilizava. Era possível usar uma tática diferente do "estilo turco", o qual consistia em fechar a boca e deixar que te arrebentassem. Cada pergunta que pudesse ser respondida em detalhes, sem ameaçar ninguém nem nenhum plano, eu retrucava com calma e bastante cuidado com as palavras. O objetivo era sofrer pouco, informar o mínimo. E eu o atingi não por méritos próprios ou porque eles tivessem sido brandos ou ineficazes. O tempo de hospital jogou a meu favor, a batalha foi ganha por ele, embora tenha me parecido quase insuportável o período no Hospital do Exército, aonde chegavam a qualquer instante para me despertar.

"Eles" eram uma mistura de oficiais do Exército, investigadores e soldados da Polícia Militar. Creio que os analistas e interrogadores eram oficiais, alguns talvez com curso no exterior. Soldados da PM e investigadores da Civil eram mais frequentes nos grupos que saíam às ruas para o embate. Os carcereiros, que ocupavam o lugar mais baixo na hierarquia, eram os que mais se aproximavam de nós. Sempre nos cumprimentavam no início do plantão, travavam alguns diálogos, e por vezes ficavam tristes quando, não percebendo sua chegada, não os saudávamos.

Não se podem generalizar todas as prisões. A minha foi apenas uma experiência particular, mas tive a sensação de que a maioria dos carcereiros me dizia que eles eram só isso, funcionários cumprindo plantão. Às vezes eu ouvia fragmentos de conversas de oficiais. Deviam estar numa pausa do trabalho, pois não se preocupavam em falar baixo. Com o tempo, consegui identificar a voz do capitão Homero, um dos militares da Oban que nos interrogava constantemente.

Percebi que a organização montada pelo governo, com apoio

financeiro de alguns empresários, para combater a esquerda armada tinha uma estrutura sem burocracia e que eles debochavam muito dos métodos de guerra clássica. No fundo, incorporaram a informalidade da guerrilha e com isso um pouco da irreverência dessa forma de luta.

Entre eles havia sádicos, e a farta documentação sobre tortura no Brasil revela isso. Mas, como afirmei no Tribunal Bertrand Russell, em Roma, eles faziam parte de uma engrenagem maior, foram treinados com o objetivo de obter a informação e processá-la o mais rápido possível: eram profissionais cumprindo um script e escalando outros postos na carreira.

Talvez não tenha sido diferente em alguns campos de concentração, na Segunda Guerra. Quando expus minha visão no Tribunal, ainda não conhecia o texto de Hannah Arendt, *Eichmann em Jerusalém*, escrito em 1963. Conhecia sua tese de que Eichmann não era o monstro figurado pelos militantes, mas um homem espantosamente normal, como os outros burocratas. Arendt chegou a essa conclusão ao cobrir o julgamento: viu com os próprios olhos.

Meu caso era um pouco mais difícil. Eu não era apenas um observador de um processo histórico. Como militante, a ideia do adversário monstruoso estava também dentro de mim. Mas o discurso foi bem recebido naquela tarde em Roma. E isso me alegrou muito, porque estavam na mesa, entre aqueles de que me lembro, dois grandes escritores latino-americanos: Julio Cortázar e Gabriel García Márquez.

O aprendizado que sintetizei no Tribunal foi vivido na *Operação Bandeirantes*. Não foi um período muito longo, porque, quando os militares concluíram que aquelas idas e vindas à sala de interrogatório não avançavam, desistiram. E alguém gritou na porta da cela: "Roupa toda". Lamentei por Mariani. Agora ele ficaria sozinho na cela. A polícia política o considerava perigoso:

fugira de um quartel do Exército junto com o capitão Carlos Lamarca, levando consigo algumas armas. Mas eu voltaria para o Rio, encontraria na cadeia pessoas da nossa organização, e minha prisão seria conhecida por mais gente.

Viajei algemado num carro da PF. Os faróis dos caminhões, o barulho dos carros passando em velocidade, tudo isso era atraente. Paramos num bar da estrada para um lanche. Desejei que me vissem e me reconhecessem, pois isso me daria mais uma chance de sobrevivência. A possibilidade de ser reconhecido num bar de estrada, porém, era muito remota. Mas a viagem de uma cadeia para outra me parecia leve. Eu não queria chegar nunca, pouco me importava com a lentidão em alguns trechos. Esquecer a cadeia e pensar apenas no percurso me acalmava, como acalma esquecer da morte e se concentrar na vida.

Deixaram-me no DOPS, na rua do Lavradio. Embora eu não conhecesse as prisões do Rio, aquela me era paradoxalmente familiar e desconhecida. Durante os meses de passeatas, o DOPS fora um adversário presente. O inspetor Mário Borges, uma espécie de ícone da repressão política. Era um homem gordo e baixo, bem-falante e, dizia-se, até cordial quando se esforçava para isso. Assim o descreviam alguns dos líderes estudantis que chegaram a ser presos, interrogados e soltos pelo DOPS. Mas a cordialidade ficara relegada a momentos da época em que ainda não havia luta armada. O prédio se tornou mais sinistro, e a tortura mais habitual.

Fui para uma cela que pensei ser a do Ratão. O nome era uma referência a um grande rato que morava nela. Se havia mesmo o ratão, era muito discreto com os hóspedes, pois não apareceu.

Era bom estar de volta ao Rio de Janeiro. Tinha ido a São Paulo cumprir uma tarefa. No Rio, estaria mais perto de presos que conhecia, retomaria os laços. Assim que tive contato com outros detentos, desandei a falar, depois de tanto tempo de viagem, sozinho com os policiais, e dos dias em que me isolaram numa cela individual. Não ficaria no DOPS e isso me apertou um pouco o coração, pois a fama das outras prisões era pior ainda.

Ainda em São Paulo, eu fora interrogado por oficiais da Marinha encarregados da investigação do sequestro do embaixador americano no Rio. Como o inquérito estava nas mãos da Marinha, eu seria transferido para uma de suas prisões. Dali em diante, ficaria perto do mar. Fui colocado num barco, no princípio da noite, e levado para a ilha das Flores. As pesadas âncoras, o azul profundo, a ferrugem dos barcos, o leve balanço das ondas, essa atmosfera iria marcar minhas viagens futuras, porque da das Flores sairia para cumprir pena na ilha Grande.

E havia outra ilha no meu futuro, a das Cobras, onde funcionava o Hospital da Marinha. As viagens e a passagem pelo DOPS tinham me enfraquecido. As dores provocadas pelo tiro e pela cirurgia tornaram-se insuportáveis quando cheguei à minha cela na ilha das Flores. Gritava e pedia ajuda. Algumas celas se comunicavam por meio de canecas que eram acopladas às paredes para amplificar a voz. Os presos na ilha das Flores iniciaram uma gritaria tamanha que a direção do presídio se convenceu de que devia me enviar para o hospital na ilha das Cobras.

Eu não tinha condições ainda de ser transferido de um lado para outro como um prisioneiro comum. Não eram só as dores. Havia alguma infecção pós-operatória que me tornava febril. As dores tinham começo e fim: eram coágulos de sangue que saíam pela uretra. Cada um fazia seu longo e doloroso percurso antes de sua rubra explosão na parede da cela. Quando o coágulo saía, vinha o alívio. Mas em seguida outro se anunciava e tudo se repetia.

Na ilha das Cobras voltei a um leito de hospital. Era bem tratado, e havia até uma freira que aparecia para me confortar. Não sei se ela conhecia os detalhes de minha prisão. Era muito gentil, tratava-me como se eu fosse uma alma precisando de conforto. E tão generosa que não tive coragem de tocar no tópico "crença religiosa": nada de discussão, defesa do materialismo. Meu corpo e minha alma sentiam-se bem, estirados numa cama e alimentados três vezes por dia. Era tudo que eu necessitava naquele momento, além da gentileza da irmã.

Meu destino era uma ilha. Da das Cobras, iria para a ilha Grande. Antes, passei uma semana na Polícia do Exército da rua Barão de Mesquita. Lugar temido, como a Oban, na rua Tutoia, em São Paulo. Não fui interrogado. Meu sofrimento limitou-se a ver pessoas saindo das celas e voltando arrasadas da tortura. O tempo que passavam lá na boate — assim a câmara de tortura era chamada, por usar luzes especiais — era o pior. Quando as pessoas voltavam feridas, pelo menos eu podia fazer alguma coisa, botar um pano molhado, oferecer um gole d'água e o conforto da minha presença.

Os militares da Barão de Mesquita não tinham mais interesse em mim. Tudo o que queriam saber sobre o sequestro já sabiam. Não demorou muito para eu sentir de novo a maresia, ver os cascos enferrujados da barca, as gaivotas e o azul profundo do Atlântico. Em Mangaratiba, embarcávamos no porão, junto com sacos de batata, réstias de cebola, sacos de arroz. O cheiro era forte, e podíamos ver os guardas armados no convés.

A Grande era mais que uma ilha. Não apenas pela beleza, mas por seu papel na história da tirania no Brasil. Durante a ditadura de Vargas, intelectuais ficaram presos lá. O escritor Graciliano Ramos ocupou uma de suas celas. De certa forma, a ilha Grande era o rumo esperado. Ali eu deveria aguardar o julgamento e cumprir anos de prisão. Seria meu endereço permanente.

Você só se dava conta de que chegara à ilha Grande quando o barco atracava no porto do Abraão. Os prisioneiros eram transferidos para um veículo da Polícia Militar que, ziguezagueando, subia a montanha coberta de vegetação nativa, a mesma que devia existir quando os colonizadores aportaram no Novo Mundo.

Os presídios destinados ao cumprimento de pena eram mais confortáveis. Não havia interrogatórios no horizonte. Sair das celas, só para conversar nos corredores ou para o banho de sol. Eram permitidas visitas nos fins de semana, embora a repressão sempre pudesse cancelá-las, por temor ou simples represália.

Nessa ilha, tão distante do continente, havia movimento, burburinho, uma intensa agitação. Presos de diferentes organizações ocupavam a ala dos políticos e se misturavam com marinheiros que se rebelaram em 1964 e assaltantes de banco que se uniram apenas para assaltar bancos.

Fonte de muitas lendas, a ilha Grande recebeu, ainda no período colonial, presos estrangeiros que ficavam de quarentena num lugar chamado Lazareto. Uma de suas lendas modernas é a do aparecimento do Comando Vermelho, uma organização criminosa que até hoje ocupa algumas favelas do Rio. A lenda diz que o Comando Vermelho surgiu do contato entre presos políticos e assaltantes de banco. De fato, houve esse contato. Como as organizações clandestinas realizavam assaltos a bancos buscando recursos, o governo decidiu que esse tipo de crime era contra a segurança nacional. Independentemente de terem ou não objetivos políticos, todos os assaltantes de banco eram colocados no mesmo pavilhão da ilha.

O contato maior dos presos políticos era com os marinheiros de 1964. Havia afinidade entre nós, lutávamos, com métodos diferentes — eles com greves, nós com guerrilha —, pelos mesmos ideais; o adversário era rigorosamente o mesmo.

Os assaltantes de banco eram inteligentes o bastante para absorver nosso discurso político e digeri-lo da maneira que lhes interessava. Sobre cadeia, sabiam muito mais que nós. Duas fugas espetaculares da ilha Grande foram realizadas por eles. Numa delas, um helicóptero pousou no presídio e levou consigo um dos mais temidos traficantes do Rio, o Escadinha, que dominava o morro do Juramento. A outra fuga está relatada no livro de William da Silva Lima intitulado *Quatrocentos contra um*. Ele conta como conseguiram um barco para a operação e o batizaram de *Jupira*, que significa "de todos".

Numa das viagens ao continente, conheci um preso singular: Lúcio Flávio Lírio. Ele se aproximou de mim falando sem parar. Talvez estivesse saindo de um período de cela solitária. Havia em seu discurso alguma crítica às estruturas políticas, mas não foi isso que me fascinou nele. O que me fascinou foi sua capacidade de fugir da cadeia. Ele já havia realizado cinco fugas com êxito. Parecia deter o segredo desse tipo de operação, que, no fundo, é o sonho de quase todo prisioneiro. Era como se eu fosse um doente terminal e deparasse com um médico que tinha o remédio para a cura.

No ônibus da PM, continuamos a conversa iniciada no porão da barca. Lúcio Flávio, assim como eu, vinha para o Rio para audiências do processo penal. E me disse: "Vou fugir, quer vir comigo?". Minha resposta foi não, por mais que eu desejasse a liberdade. Meu rosto estava estampado em vários cartazes, eu não tinha nenhuma estrutura de acolhida.

Nem todos compartilhavam da sorte de Lúcio Flávio ao serem recapturados. A chance de um prisioneiro político em fuga ser assassinado era muito grande, embora crimes como esse não fossem noticiados pela imprensa. Muitas vezes os jornais se limitavam a publicar as notas oficiais oriundas dos quartéis, as quais diziam que os mortos eram sempre mortos no momento em que tentavam fugir, o que nem sempre correspondia aos fatos.

No Rio, fui confinado numa cela solitária, na Penitenciária Lemos de Brito, porque era considerado perigoso. Soube, no dia seguinte, que Lúcio Flávio escapulira mais uma vez. De qualquer forma, eu não teria podido fugir com ele. Escapou numa audiência no fórum, e eu iria depor na Justiça Militar. Não estaríamos juntos naquele momento. Mas isso não me impedia de imaginar sua expressão triunfante. Mais uma fuga. Ele conhecia todas as fraquezas do sistema, sabia como se safar, ainda que por pouco tempo. Recapturado, acharia de novo o caminho da liberdade.

Na solitária eu soube que estava se realizando um jogo entre Brasil e Tchecoslováquia. Acompanhei o resultado pelos foguetes que comemoravam os gols. O Brasil venceu, pensei: 3 a 0. Na verdade, foi 3 a 1, mas não houvera foguetório para o gol do adversário.

Voltei para a ilha Grande com a fuga de Lúcio Flávio na cabeça. Retornava ao meu lugar, teria de novo as condições normais de prisão. A comida era sofrível. Machuquei o pé numa partida de futebol e recebia de amigos algumas latas de um complemento alimentar chamado Sustagen. Aquilo me equilibrava.

A água era boa, muito boa. Incomodava apenas a luz acesa na cela durante a noite. Estávamos — eu e Daniel Aarão Reis — numa cela vizinha da solitária onde os presos cumpriam seu castigo. Havia choro, reclamação; um preso paralítico passou a noite pendurado nas grades pelas algemas.

Conversávamos no corredor durante o dia, e pude ver cruzando o pátio dois presos que eram de Juiz de Fora. Um, o ex-deputado Clodismith Riani. O outro, conhecido como Charuto, era gay e fora preso por estelionato.

Não me lembro de ter lido muito na época. Vivia um momento de baixo interesse intelectual, fascinado com as ações armadas. E com a fuga espetacular de Lúcio Flávio.

O tempo se arrastava na cadeia, de vez em quando jogávamos futebol e recebíamos visitas. Marília Abreu, Mário Rolla, Mariângela Moretzsohn, Ivan Angelo e Affonso Romano foram me ver. Era um esforço generoso visitar um preso na ilha Grande. Para começar, era preciso obter uma licença do Desipe, órgão do sistema penitenciário, viajar de carro até Mangaratiba e lá tomar o barco para a ilha Grande. E sofrer os rigores da revista.

A presença deles, ainda que limitada à hora da visita, me dava alegria por muito tempo. Eu fazia inúmeras perguntas, queria saber o que se passava no continente e tinha a esperança de que algo poderia acontecer. Meus amigos não tinham contato com organizações políticas. Falavam apenas do que viam e do que liam nos jornais. Muitas pessoas visitavam os presos; algumas, talvez para nos dar esperança, insinuavam que uma grande ação estava sendo preparada.

Eu não tinha dúvidas de que uma grande ação estava sendo preparada. Os que ainda estavam livres deveriam se ocupar disso quase todo o tempo. Mas a grande ação teria alguma influência em meu destino de prisioneiro? Silenciosamente, eu esperava que sim. E essa esperança se agigantou quando alguém ouviu no rádio que o embaixador da Alemanha fora sequestrado. Como se o mundo tivesse parado de repente, só pensávamos naquela notícia.

Eu conhecia a rotina de um sequestro pelo ângulo de quem estava envolvido na ação — era indispensável divulgar manifestos, listas de prisioneiros e analisar os passos do governo militar. Na cadeia, a informação era fragmentada. Os presos comuns tinham mais acesso ao rádio. Sabíamos que quarenta seriam libertados. Mas e os nomes?

Os presos passaram a madrugada ouvindo rádio e conseguiram uma versão da lista. Gritavam: "Bom dia, Daniel Aarão Reis, bom dia, Gabeira", diante de nossa cela. Foi uma lufada de esperança. A porta da cela contígua à do castigo, o lugar onde morávamos, seria aberta de novo para o mundo.

Não havia nada decidido, porém. Alguma coisa poderia dar errado no sequestro do embaixador alemão, cujo nome vim a saber mais tarde: Ehrenfried von Holleben. As horas que antecederam nossa libertação não foram apenas de júbilo. Muitos ficariam para trás. E os momentos de espera serviram para meditarmos um pouco sobre os altos e baixos de nossa sorte: hoje na ilha Grande, amanhã em plena liberdade, com o mundo diante de você.

Naquele instante, a imagem que nos veio à cabeça foi a de uma roda se movendo, a roda da história. Em dias monótonos, na cadeia, eu pensava que ela custava a se pôr em movimento. Mas agora, num simples impulso, ela nos lançava longe.

A cena da saída foi tão bonita que temi não viver outra assim. E essa experiência de certo modo me dizia o quanto eu estava ligado ao Brasil e como na alegria da liberdade do desterro já se insinuava, despercebido, outro desejo maior: o da volta.

Fomos banidos do Brasil.

O exílio foi sempre associado ao inferno. No texto de Heinrich Heine, Dante atravessa Verona e o povo o aponta, dizendo: "Ele está no inferno". Era impossível, no início, experimentar essa sensação de tormento descrita pelo poeta. Era a felicidade naquele momento. E havia a esperança de voltar logo ao Brasil. O exílio foi um mergulho gradual em outros mundos, dentro e fora de mim.

Cadeia, governo militar, tortura — tudo isso ficava para trás. Despertei em Argel num jardim em que os pássaros cantavam, dormi numa cama limpa e fui tomar café da manhã no refeitório da colônia de férias onde nos instalaram em Ben Aknoun. Éramos quarenta prisioneiros recomeçando a vida no Norte da África. O embaixador alemão, Von Holleben, foi entregue são e salvo.

Voamos algemados e escoltados por policiais preocupados com suas diárias e em como comprar souvenirs. O Rio ficava para trás, como no momento em que o ônibus da excursão da infância anunciava a hora de voltar para Juiz de Fora.

7.

Éramos quarenta e fomos banidos do país. Ao longo da história, o banimento é dos maiores castigos. Mas estávamos deixando para trás uma situação difícil: cadeia, vulnerabilidade, inação.

A Argélia era um centro de asilo para fugitivos políticos de todo o mundo. O país derrotara o colonialismo francês e tinha uma especial sensibilidade para os movimentos de libertação nacional. Organizações armadas de Angola, Guiné, Moçambique e Cabo Verde tinham seus representantes em Argel. Éramos dos primeiros sul-americanos a desembarcar. Antes de nós foram para lá Miguel Arraes, ex-governador de Pernambuco, e Maurílio Ferreira Lima, um ex-deputado pernambucano.

Os norte-americanos também haviam chegado um pouco antes de nós: os Black Panthers se instalaram em Argel e Timothy Leary passou pela cidade, em busca de asilo. Os Black Panthers foram aceitos porque sua luta tinha um sentido de mais fácil compreensão num país árabe, com fortes costumes tradicionais. Já Leary era uma espécie de asilado comportamental. Professor em Harvard, ele defendia os efeitos libertadores, terapêuticos e espirituais do LSD. Foi perseguido pelo governo Nixon, tornando-se um ícone da contracultura. Era amigo de John Lennon e aparece no vídeo *Give Peace a Chance*, ao lado da mulher, Barbara. Nos últimos anos de vida dedicou-se à informática com o mesmo entusiasmo com que buscava novos estados de consciência.

Leary não tinha a mínima chance de ser aceito como refugiado naquelas circunstâncias. Suas ideias não achavam espaço entre revolucionários que viam as drogas como arma de dominação colonial. Isso para ficar só na esfera da política. Em termos individuais, o uso da droga era visto como uma dissolução, e seus possíveis benefícios, como a explosão psicodélica na arte, não interessavam ao universo onde luta armada, prisões, tortura e táticas de guerrilha urbana ocupavam lugar de destaque. Foi apenas um desencontro entre vanguarda ocidental e estruturas políticas ainda marcadas pela guerra colonial. Mais tarde veríamos outros, no contexto do socialismo.

A imprensa internacional nos visitou em Ben Aknoun. Os repórteres nos esperavam na porta do refeitório, aonde íamos tomar café da manhã. Ao saberem que eu era jornalista, muitos me perguntaram por que não escrevera sobre o sequestro do embaixador americano. Eu não tinha a mínima intenção de escrever. Achava que o melhor ainda estava por vir, e passava por uma fase anti-intelectual, fascinado pela ação. Além do mais, tomar notas naquelas circunstâncias, não era recomendável por questõ(es de) segurança.

O importante naquelas entrevistas era denunciar o que o(corre)ria nos cárceres do Brasil. Vera Sílvia Magalhães saíra da p(risão) numa cadeira de rodas. Minuciosos relatos de tortura fo(ram a) primeira contribuição ao amplo trabalho de isolamento d(a dita)dura que culminou com o Tribunal Bertrand Russell, em (Paris?)

Eu recebia aquelas manhãs da Argélia como uma (dádiva?) Acordar, caminhar pelas alamedas, tomar café num refeit(ório) algumas pessoas radiantes pela conquista da liberdade. Não imaginava estar vivendo uma experiência ancestral na história da humanidade, não havia parado para pensar na literatura do exílio. Ulisses me impressionava por ter se amarrado ao barco para resistir ao canto da sereia. Seria esse o melhor caminho? Só mais tarde eu deixaria de lado o detalhe para refletir sobre o fim da história de Ulisses, sua volta a Ítaca e os novos desafios que enfrentou.

Os dias em Argel passaram rápido demais. Ben Aknoun, o bairro onde fomos instalados, não ficava distante do centro. De alguns pontos, era possível descortinar o porto, a baía, o azul do Mediterrâneo, paisagens que lembravam romances de Camus.

A cor branca dominava a paisagem arquitetônica. Ali estava uma grande cidade do Norte da África; lá embaixo, a baía que serviu de refúgio para o pirata Barbossa, no século XVII. E havia a Casbah, que em outras circunstâncias teríamos visitado. Era o que se podia saber de Argel, no regime de semirreclusão em que vivíamos.

Nosso grupo acabara de sair da prisão e mantinha uma disciplina que julgava necessária. As saídas eram discutidas em conjunto e consideradas excepcionais. Era preciso se comportar de forma correta com os anfitriões. Fomos recebidos por decisão do governo argelino, que apoiava diversos movimentos de libertação nacional do próprio continente africano. Achávamos importante que a passagem por Argel fosse discreta. Quando um governo aceita refugiados políticos acusados de inúmeras ações armadas, como foi nosso caso, assume inúmeros riscos políticos. O mínimo que poderíamos fazer, em retribuição, era sermos discretos.

Os quarenta banidos nos dividíamos pelas organizações às quais pertencíamos no Brasil. O pequeno coletivo do MR-8 (Vera Sílvia, Daniel Aarão Reis, Cid Benjamin e eu) tinha um objetivo comum: Cuba. Não considerávamos nossa situação como um exílio, nossa intenção era voltar o mais rapidamente possível ao

Brasil. E o melhor caminho para isso passava por Cuba, onde receberíamos treinamento, ganharíamos um passaporte e passagem de volta.

Quando deixamos a ensolarada Argel, no princípio da primavera, acreditávamos estar apenas iniciando o caminho de volta ao Brasil. O país estava muito presente nas notícias, pois disputara e vencera a final da Copa do Mundo no México. O que era o Brasil, o que era a ditadura militar, até que ponto se confundiam? Essa inquietação estivera presente no jogo decisivo da Copa. Alguns até se dispuseram a torcer contra, mas no meio da partida, traídos pela emoção, gritavam: "Brasil, Brasil". Aquela vitória tornaria mais cômoda a vida da ditadura militar. Mas era uma vitória de todos os torcedores.

Viajei algumas vezes em aviões da russa Aeroflot, cujo cheiro de plástico nunca mais esqueci — seria possível reconhecê-lo ainda hoje, mesmo que me colocassem de olhos vendados a bordo de uma aeronave daquela companhia. Creio que o senti pela primeira vez na viagem de Argel a Havana, duas capitais dos sonhos rebeldes.

No princípio dos anos 1970, Havana me deu a impressão de uma eterna manhã de domingo: ruas vazias, de quando em quando ocupadas por velhos carros americanos, imensos, uma lembrança enferrujada dos tempos de comércio capitalista. Havia alguns ônibus fazendo transporte coletivo e eram chamados de *guaguas*. Rodavam superlotados, e sempre que possível eu procurava trocá-los por uma caminhada.

Vivíamos numa casa que o governo cubano nos destinara. Agora éramos seis. Dois militantes da O. libertados no sequestro do embaixador americano uniram-se a nós: Vladimir Palmeira e Maria Augusta Carneiro. Passávamos a maior parte do tempo em casa, estudando. Vladimir teve um papel importante, pois lia, disciplinadamente, da manhã ao anoitecer. Com a facilidade de algumas traduções, animei-me a decifrar *O capital*, e creio que dediquei quase todo o meu tempo a ler essa obra, considerada fundamental e indispensável. Estava orgulhoso de conhecer Marx, poder usar seus textos para argumentar e, por que não?, usá-los como uma plataforma para aterrissar em qualquer território desconhecido. (A acumulação primitiva do capital tinha um caráter mais histórico e talvez menos abstrato: para mim, foi o trecho do *Capital* mais eletrizante, se é possível usar essa expressão para os escritos de Marx.)

Desde a Argélia tinha me unido a Vera Sílvia. Éramos um casal e ficamos juntos durante grande parte do exílio. Vera recuperara os movimentos, e de vez em quando eu cantava para ela o que chamava de "Canção da paralítica": "Alguém me disse/ que tu andas novamente…".

Saía pouco de casa. Os cubanos nos mandavam a comida. No final da tarde, costumava caminhar um pouco para comprar pão *por la libre*. Essa expressão queria dizer que bastava o dinheiro para comprar o pão, dispensava-se a caderneta de racionamento, usada na compra dos alimentos cotidianos. *Por la libre* era uma categoria fascinante. Acabávamos de chegar e não sentíamos a mesma demanda reprimida dos cubanos, por comida e outros bens materiais. Eu tinha, na época, uma visão respeitosa da pobreza. Não a via como um problema político, nem a interpretava como uma falência do sistema socialista. Era o preço que os cubanos pagavam pela independência e autoestima.

Sair em busca do pão *por la libre* era mais um programa, um pretexto para caminhar. Não me lembro de ter ficado nas grandes filas pelo famoso sorvete do Coppelia, nem de ter frequentado os armazéns destinados aos estrangeiros. O pão *por la libre* era minha aventura vespertina.

Em casa fazíamos reuniões, discutíamos o problema comum a todos os brasileiros em Cuba: a espera. Enquanto nós, os asilados, esperávamos pelo treinamento militar que nos prepararia para a volta ao Brasil, outros já estavam prontos para o retorno porque haviam concluído seu aprendizado. E ainda assim esperavam também. Os ritmos da burocracia não coincidiam com os ditados pela nossa ansiedade.

O simples fato de poder conversar a respeito de ideias à margem da luta armada já me dava um instrumento para quebrar a monotonia. Às vezes estudava dez horas diárias. A ausência de acontecimentos cotidianos reduzia um pouco o interesse por conversar em casa. Lembro-me de duas amizades em Cuba. Uma era a poeta norte-americana Margaret Randall. Ela vivia no país por escolha e tinha quatro filhos. Era feminista e se interessava pelo avanço das mulheres em todo o mundo. O outro amigo era Glauber Rocha, que chegara a Cuba com um estatuto especial de artista mas também sentia vontade de conversar, se possível em seu idioma.

Glauber e eu caminhávamos pelas ruas, comentando livremente nossas ideias. Era um grande prazer, pois ele não era o típico artista engajado que reproduz mecanicamente sua visão política na estética. Pensava com liberdade, dizia o que queria, e era evidente que sua obra não cabia em nenhum modelo rígido, menos ainda no realismo socialista.

Foi em torno da relação do artista com a política que nasceu um mal-entendido entre nós. Glauber dizia que seu sonho era filmar ações de guerrilha, documentar a revolução se desdobrando diante de sua câmera. Respondi de uma forma que até hoje me parece razoável. A proposta de documentar as ações armadas era fascinante, mas ele não poderia escolher ângulo, luz, composição, lugar dos atores em cena. Ele se suicidaria como grande cineasta criador, tendo de se limitar às duras e perigosas condições existentes. Anos depois, ele interpretou nossa conversa como se eu tivesse proposto que ele se suicidasse pura e simplesmente. Foi um delírio, mas jamais nos revimos para que pudéssemos repassar nossa conversa e eu pudesse dissipar as dúvidas.

Os cubanos me convidaram para um congresso de jornalistas a ser realizado num hotel em Havana. O congresso era essencialmente político. Um americano, conhecido de Margaret Randall, mencionou a luta dos homossexuais, e isso, no princípio da década de 1970, foi recebido com uma frieza hostil. Ao visitar a embaixada da Coreia do Norte, o jovem americano voltou a mencionar o homossexualismo. O diplomata norte-coreano perguntou o que era aquilo. "Amor entre pessoas do mesmo sexo", respondeu o rapaz. "Isso não existe", disse o norte-coreano, encerrando a conversa.

Depois de uma espera de três meses, iniciamos nosso curso de guerrilha. Era dividido em duas etapas: uma urbana, outra rural. O curso de guerrilha urbana seria mais simples, pois os cubanos não tinham tradição nessa modalidade. Treinar no campo seria o grande momento, sobretudo porque alguns protagonistas da Revolução nos mostrariam como haviam realizado essa façanha.

Apesar de simples, com uma duração de duas semanas, o curso de guerrilha urbana me ensinou uma coisa útil, da qual me lembro até hoje: como abrir portas sem chave. Muitas vezes perdera chaves na vida, e ganhei a esperança de abrir a porta sem elas. Se houvesse um truque também para encontrar canetas e óculos, creio que teria sido o perfeito antídoto para perdas.

O treinamento no campo demorou um pouco mais, cerca de três meses. A guerrilha se apoia em princípios simples: concentrar contra o inimigo disperso, dispersar quando o inimigo se concentra. Para realizar essas tarefas, era necessário desenvolver algumas características, a principal delas sendo o preparo físico. Acordávamos bem cedo para os exercícios e, à noite, eu caía duro de cansaço. Poderia até sonhar com um novo texto de Marx, jamais ler dois ou três parágrafos.

Era preciso atirar bem com várias armas, conhecer o próprio fuzil com intimidade a ponto de poder montá-lo no escuro. E, sobretudo, tinha-se de aprender a sobreviver no mato, com pouca água e pouca comida. Emboscávamos e éramos emboscados, fazíamos longas caminhadas, montávamos acampamento, dormíamos em redes. Tudo isso para quê?

Cuba já dava algum sinal de esgotamento na ajuda ao movimento revolucionário. Foram muitas tentativas fracassadas. Os cubanos imaginavam que a guerrilha iria acontecer, mas com sua experiência no continente tinham uma saudável ponta de ceticismo. O dinheiro era curto, e as necessidades internas crescentes. Naquele período, a influência soviética já se fazia sentir. Confinado numa casa ou treinando no campo, era possível notar a presença dos enlatados russos como uma das principais fontes de proteína.

Saí de Havana para Berlim Ocidental com um passaporte de português naturalizado equatoriano. Os cubanos acharam que já havia condições para nossa partida. Nunca soubemos quais eram essas condições. A decisão era da burocracia, e suas razões nem sempre se tornavam claras para nós. Eu continuava com Vera Sílvia. Seu sobrinho, que mais tarde nos visitou, me chamava de tio Joaquim: era o meu original nome luso.

Cuba nos abrigou, nos alimentou em meio a grandes crises internas de abastecimento, transmitiu seus ensinamentos revolucionários e nos ajudou a sair de lá. Sua generosidade merecia gratidão eterna. No entanto, a história não parou naquele momento em que embarcamos no avião da Aeroflot com seu singular cheiro de plástico.

Sacudida por uma revolução, Havana não era mais o lugar que aparece nas biografias de Ernest Hemingway, com seus bares, cafés e hotéis. A moral revolucionária varrera muitos dos seus pecados, agora chamados desvios burgueses. Daquele tempo restara a Finca Vigía, casa onde Hemingway morreu, que foi transformada em museu. Ainda assim, exceto pela frieza hostil com que o tema do homossexualismo foi tratado, eu sentia um clima liberal na sociedade cubana. Naquele momento, não compreendia o erotismo como uma espécie de resistência ao regime, um espaço de liberdade que os burocratas não controlam.

Cheguei a essa conclusão muitos anos depois, através dos livros dos principais escritores cubanos que de alguma forma conseguiram romper o cerco da censura. Pelo testemunho de Reinaldo Arenas em *Antes que anoiteça*, foi possível compreender como a máquina burocrática não só esmagou o talento de um escritor homossexual como também tirou de cena uma importante geração de poetas. Nos livros de Pedro Juan Gutiérrez, o sexo reaparece como espaço de liberdade e transcendência do cotidiano medíocre.

Com a prisão de 75 intelectuais de oposição, em 2003, minha discordância do governo cubano chegou ao ponto máximo. Eu já havia rompido com a nostalgia romântica que a esquerda brasileira dedicava e dedica à Revolução Cubana. Faltava ser mais claro ainda.

Integrando-me ao comitê Raul Livre, protestei contra a prisão dos intelectuais, entre os quais se encontrava o poeta e jornalista Raúl Rivero, que chegou a ser condenado a vinte anos de prisão mas foi liberado e se refugiou na Espanha. Fiz discursos no Parlamento e escrevi um texto para a edição brasileira de seu livro de crônicas. São descrições que nos aproximam dos cubanos, da beleza de alguns personagens, num quadro de poucas esperanças. E reafirmam esse fio de liberdade que corre nas ruas, fora do controle do regime.

Quando deixei Havana, junto com Vera Sílvia, para vivermos em Berlim, não poderia imaginar esse desfecho. Pensava que voltaria a Cuba, que a incluiria numa espécie de roteiro sentimental, ao longo dos anos.

Jamais retornei à Ilha, mas o mundo dá muitas voltas. A volta que deu, naquele momento em que deixávamos Cuba, nos lançou numa das cidades mais fascinantes da Europa, palco de lances dramáticos da Guerra Fria, partida por um já lendário Muro.

8.

Os filmes sobre a Segunda Guerra Mundial apresentam o alemão como um idioma duro, rascante, marcial, quase sempre falado por soldados que marcham em passo de ganso.

Ainda como jornalista no Rio, consegui vencer essa imagem negativa. Comecei a estudar alemão e completei o curso médio. Talvez tenha sido mais que a simples curiosidade por línguas o que me moveu. Em alguns textos que li, os autores se referiam ao alemão como um passaporte para uma verdade mais profunda, imprecisa nos outros idiomas. É uma espécie de lanterna que clareia as profundezas. Eu queria implantar essa lanterna na cabeça e acioná-la sempre que precisasse de mais luz.

Isso talvez explique por que me sentia bem em Berlim. Minha vida foi balizada por livros, minha maior amiga alemã era uma bibliotecária, meu ganha-pão, vender livros trotskistas na entrada da universidade.

Vera e eu morávamos numa residência estudantil. Nos quartos, que tinham dezessete metros quadrados, havia uma cama, mesa, armário e, no hall, uma pia e o fogão elétrico embutido. O toque pessoal era dado pelas luminárias para a mesa. Preferíamos as vermelhas ou amarelas, para aquecer o ambiente. Vivi muito bem naquele espaço monástico e me acostumei a ele.

Vera era excelente companhia. Se a conversa era irônica ou mesmo delirante, ela aceitava seus termos e prosseguia com naturalidade. Em casa, éramos um pouco distraídos com as tarefas domésticas. Nossa atenção se concentrava em debates, documentos, o sonho da volta.

Eu saía de manhã, para carregar a mala de livros que pegava com um argentino perto da faculdade. Ernest Mandel era nosso best-seller. Acordávamos cedo para vender seu *Capitalismo tardio* em edição alemã. As horas passadas no hall da universidade nos davam a falsa ideia de que o mundo girava em torno do movimento revolucionário. Eu recebia dezenas de panfletos mimeografados prevendo o colapso do sistema.

Frequentávamos o Instituto Latino-Americano, na Breitenbachplatz. Era nosso refúgio. Havia uma boa biblioteca, debates e palestras sobre o continente. Muitas dessas palestras eram rigorosamente marxistas e descreviam a conjuntura econômica em detalhes. Talvez o problema delas fosse esse, enfatizar a determinação econômica e subestimar aspectos culturais e políticos.

Assim como o idioma alemão, na minha fantasia, era um passaporte para verdades mais profundas, o marxismo prometia isso literalmente. A realidade não poderia se confundir com as aparências, havia uma essência por baixo dela; a tarefa era chegar a essa determinação mais importante, a essa dimensão camuflada, de onde emergiríamos com outro olhar.

Fernando Henrique Cardoso, então um sociólogo exilado em Paris, adversário do governo militar, passou pela universidade, e a sua palestra, no princípio de 1974, foi marcante. Ele falou exclusivamente do Brasil, fez análises políticas, contou histórias. Um pequeno grupo de asilados ali presente o convidou para continuarmos a conversa na casa de um de nós. Fernando Henrique aceitou. Varamos a madrugada discutindo o Brasil. Ainda que ele não soubesse exatamente quem éramos, respondeu as perguntas, riu, enfim, aceitou a ideia com prazer, pois era uma forma de estar no Brasil, vendo Berlim pela janela. Buscávamos em seu discurso sinais de decadência da ditadura, algo que aquecesse um pouco a esperança da volta. Era o nosso foco.

Nas semanas seguintes, descobrimos um atalho: o Chile. A experiência da Unidade Popular avançava e seus reflexos se faziam sentir nos debates do Instituto Latino-Americano. O Chile vivia um momento histórico. Era o lugar de convergência dos revolucionários do continente. E muito mais próximo do Brasil. Guardadas as proporções, aquilo era para nossa geração o que foi a Guerra Civil Espanhola para os mais velhos: um encontro imperdível.

Nossa energia se concentrava na ida para o Chile. Mas faltavam recursos para voltar ao continente. Nossos bons amigos, Helio e Britta Lutzow, não poderiam encontrar sozinhos o dinheiro para a viagem. Ele era estudante e vivia também de alguns pequenos empregos. Ela, a bibliotecária que conseguia livros para mim, me oferecia chá e traduzia para o espanhol os parágrafos mais áridos dos textos em alemão. Britta foi de uma grande dedicação não só comigo mas com inúmeros asilados. Em junho de 2012, foi homenageada numa pequena cerimônia na Ordem dos Advogados no Rio: estavam presentes quase todos os exilados que abrigou.

Ainda em Berlim escrevi um ensaio baseado nos estudos que fiz com a ajuda de Britta. Fixei-me em alguns livros sobre dialética para demonstrar, de forma muito complicada, que a contradição entre trabalhadores e burgueses não significava, naquele momento, a extinção de um dos polos. A democracia representava a mudança no quadro em que as forças antagônicas se moviam. Em outras e simples palavras: não era preciso que a diáspora brasileira obtivesse o fim do capitalismo para reaparecer na política nacional.

Enviei o texto para o escritor Conrad Detrez, que vivia na Bélgica e conhecia o Brasil. Horrível, disse ele. Muito complicado. Apesar disso, continuei estudando. Talvez aquele gênero de ensaio não fosse talhado para mim.

Um sopro do Brasil nos chegou antes da partida para o Chile. A irmã de Vera Sílvia, Ana, o marido, Fernando Barros, e o filho André vieram nos visitar. Alugaram um pequeno apartamento e nos víamos todos os dias. Fernando era advogado, e Ana psicóloga. Ana tinha uma bela voz e trabalhara no Rio como locutora de rádio. Sempre nos reuníamos depois do almoço para um chocolate quente. A família curtia o inverno com a leveza de quem poderia abandoná-lo a qualquer momento. Mas eles nos davam grande ânimo nas tardes escuras, e às vezes chuvosas, de Berlim.

O caminho era o Chile. Lá estavam se concentrando os asilados; lá, inclusive, era mais fácil encontrar ajuda. Um amigo da Anistia Internacional nos deu a passagem e tínhamos alguns dólares guardados. Saí de Berlim sabendo que um dia voltaria a ela. Apesar do Muro, da tensão da Guerra Fria, a vida pulsava e a liberdade individual era visível.

Antes de ir para o Chile, passei por momentos difíceis quando, numa viagem a Roma, perdi uma bolsa com dinheiro e algumas carteiras de motorista brasileiras em branco. Eu partira da Alemanha para a Argélia, onde deveria deixar os documentos. Na bolsa também estava meu caderno de notas, no qual havia alguns telefones, entre eles o de Araújo Neto, correspondente do *Jornal do Brasil* em Roma. A polícia italiana o incomodou por isso, e fiquei deprimido por alguns dias. Fora Araújo quem tinha me recebido no *JB*, no início da minha carreira, e me dera segurança para prosseguir no Rio.

Quando acontecia uma coisas dessas, eu não só ficava mortificado como tentava entender as possíveis causas inconscientes. Era evidente que uma parte de mim se descolava da vida clandestina, do cotidiano voltado para a luta armada.

9.

Com os poucos dólares que levamos e alguns que Vera recebeu de casa, alugamos um apartamento em Santiago, na Calle Holanda. Tínhamos de ser discretos, uma vez que andávamos com passaportes falsos. E não queríamos perder alguns hábitos da clandestinidade, como permanecer em estado de alerta para a hipótese de estarmos sendo seguidos e fotografados.

Parecia que todo mundo estava no Chile. Os brasileiros tinham uma associação e até um fundo de ajuda aos refugiados. Creio que projetei uma vida de certa estabilidade naquele país, pois resolvemos montar uma pequena biblioteca. Eu havia trazido alguns livros da Alemanha e compraria outros no Chile. Pensei em organizar a biblioteca com cubos coloridos de acrílico equilibrados uns sobre os outros. Não era o formato mais cômodo, mas era bonito.

A convite de amigos, escrevi um longo artigo para a revista *Punto Final*, do Movimento de Esquerda Revolucionária, o MIR. Era um texto que descrevia o golpe militar no Brasil, uma tentativa de decifrar os sinais antecipatórios da tomada do poder pelos militares. "Conosco aconteceu assim", era o espírito do artigo: "Observem na sua conjuntura se há indícios de um golpe militar".

Não cheguei a ver o artigo publicado. Nossa preocupação era estarmos mais ou menos alinhados com a esquerda chilena, para a hipótese de resistência. A situação política era tensa. Poucas vezes saí para passear. Fui ao hipódromo, comi uvas e pêssegos, e me encantei com o vinho do país. Cheguei a visitar a fábrica do Casillero del Diablo, a célebre marca nacional. É quase tudo de que me lembro fora da política.

As coisas estavam complicadas. Greves e ocupações brotavam de todos os lados. Algumas com o objetivo de forçar o governo na transição ao socialismo; outras, como a dos caminhoneiros, para levá-lo ao colapso, agravando a crise econômica.

Nenhum estrangeiro podia ficar no Chile mais de três meses só com visto de turista. O meu estava por se esgotar. O passaporte era falso, mas o visto não — este dependia de revalidação. A única alternativa era ir até a Argentina e entrar de novo no país. Essa manobra daria mais três meses de legalidade dentro do Chile.

Uma jardineira cruzando as estradas geladas dos Andes me levou a Mendoza. Meu objetivo era apenas jantar, dormir num hotel modesto e retomar a estrada de volta, para obter, de novo, o carimbo no passaporte. Apesar de solitária, foi uma bela viagem. No jantar, ousei pedir vinho, porque ali se produz vinho. O que me serviram era um vinho barato, mas me pareceu excelente. Era um Malbec.

Quando parti na manhã seguinte, cheguei a pensar na hipótese de viajar de três em três meses, ver a cordilheira, tomar um vinho da terra e voltar. Deixar para trás, ainda que por uma noite, toda aquela tensão no Chile era repousante. Montanhas glaciais me separavam do centro do drama. Jantar, tomar vinho, dormir num hotel modesto — não pedia muito mais da vida, já que, de manhã, viajaria de novo e mergulharia nas tramas da história.

Para quem tinha vivido o golpe de Estado no Brasil, em 1964, o Chile preocupava, embora nem todas as variáveis fossem idênticas. A Guerra Fria engolfava as duas experiências. Goulart e Allende tinham a oposição dos Estados Unidos, dispostos a apoiar quem tentasse derrubar esses governos. Os partidos chilenos eram mais sólidos, o movimento de massas, vibrante; sonhávamos, como na Guerra Civil Espanhola, que o povo iria para as trincheiras gritar "no pasarán".

O golpe nos surpreendeu antes que tivéssemos nos integrado bem aos grupos da esquerda chilena. Não sabíamos o que fazer, para onde ir, ele eclodiu. Eu estava diante do La Moneda no instante em que os aviões sobrevoaram, agressivamente, o palácio do governo. Não havia dúvida de que o golpe estava em marcha, mesmo antes de os militares o anunciarem.

Voltei depressa para o pequeno apartamento da Calle Holanda onde morávamos Vera e eu; trancamos a porta e começamos a pensar no que fazer. Era preciso esperar algumas horas para ver se o golpe triunfara. Foram momentos terríveis, pois descobrimos, com o desenrolar do golpe, que não éramos os únicos perdidos. A grande experiência histórica da Unidade Popular parecia se desfazer sem luta. E tão rápido que talvez nem tivéssemos tempo de fugir.

Trancados em casa, ouvíamos tiros esporádicos e latidos de cachorro. O golpe triunfara. Restava a jardineira para Mendoza, mas não era garantido achar passagem, muito menos cruzar a fronteira, onde o controle tinha se intensificado nos dias pós-golpe.

Nossa única saída era deixar a casa e buscar uma embaixada. Mas qual? Nem todas recebiam asilados. Era preciso tomar uma decisão urgente, mesmo porque havia uma campanha contra estrangeiros, os quais eram denunciados por vizinhos chilenos que queriam dividir o butim dos apartamentos abandonados às pressas.

"A Argentina está aberta", diziam alguns brasileiros. Não havia dúvida, a Argentina era o refúgio ideal. Tão perto do Brasil. O continente progressista desabava em nossas cabeças. Mas viver num país de fronteira talvez fosse uma dádiva, no mar de desilusões em que iríamos navegar.

Olhei para os livros nos cubos de acrílico e pensei: "Mais uma biblioteca perdida". Estava comprando livros para o inimigo recolher e queimar. Mandamos a chave de casa para uma amiga chilena, na esperança de que os salvasse. Em vão. Ela apareceu chorando numa reportagem de TV sobre o enterro de Pablo Neruda, e concluímos que devia ter sido presa também.

Asilar-se na embaixada argentina não era de todo fácil. Entramos correndo pela porta da frente, surpresos por não ouvir tiros nem gritos dos policiais. Uma sensação de alívio para a tensão daqueles dias foi ver a pequena multidão de asilados conversando animadamente. Era o melhor dos refúgios. Havia muita gente por lá, e não eram apenas brasileiros. Os Tupamaros, organização clandestina uruguaia, estavam presentes, bem como alguns chilenos que conseguiram romper o cerco policial.

Os dias na embaixada da Argentina foram emocionantes. Abrigavam-se ali mais de trezentas pessoas, muitas crianças, algumas delas irritadas com a situação e chorando com frequência. Os diplomatas argentinos foram irrepreensíveis. A comida, escassa: era o que podiam comprar naquelas circunstâncias. Os Tupamaros faziam um pão duro, de quebrar dentes.

Depois, quando cheguei à Suécia, escrevi um roteiro para o filme *Embaixada*, contando nossa experiência no Chile. Foi dirigido por Barbro Karabuda, uma diretora sueca de filmes de TV, simpatizante da esquerda latino-americana. Com ele, procurávamos isolar mais ainda a ditadura de Pinochet e criar um clima simpático aos asilados latinos. Não havia as ambiguidades nem as contradições que fazem um bom filme. Os personagens às vezes interrompiam o diálogo para cantar uma canção revolucionária.

Pura propaganda. Se isso nos absolve, acrescento que o filme foi realizado com a melhor das intenções.

Bem que tentamos ficar na Argentina. Mas Perón, que estava voltando de seu longo exílio, afirmou que não queria os asilados no país. Tínhamos que seguir viagem, sem saber, exatamente, para onde. Foi quando surgiu a chance de irmos para a Suécia, através da Anistia Internacional. Um demorado e frio inverno nos esperava no final de 1973, princípio de 1974. Era o inverno em que a América do Sul cairia nas mãos de governos autoritários de direita e assim permaneceria por muitos anos.

Sobrou uma única esperança: a de que o avião para a Suécia passasse pelo Brasil e pudéssemos ver as luzes do Rio.

10.

Quando cheguei à Suécia, tinha apenas jeans, camiseta e um casaco leve. Vera também sentia frio. Fomos alojados numa residência estudantil, estávamos mais uma vez entre os dezessete metros quadrados em que vivemos em Berlim. Bastavam para reconstruir a vida.

Ganhamos roupa e apoio financeiro para os primeiros dias. Deveríamos procurar a assistência social para completar o mínimo necessário para a existência. Era um pouco constrangedor, mas, naquela altura do caminho, estávamos acostumados a tudo. Não se tratava de uma simples experiência pessoal fracassada: éramos parte de um fracasso histórico, e isso atenuava nossos rubores ao negociar com uma assistente social a quantidade de peças de roupa de baixo de que precisávamos.

O inverno, dias escuros, o silêncio, faziam da Suécia um país diferente dos que conhecera até então, um espaço destinado a questionar as próprias raízes. Logo ao chegar, fomos convidados para uma festa num barco. Havia algumas mulheres vestidas com roupas folclóricas. Falávamos inglês, fazia frio, e concluí que jamais tinha morado tão longe de casa.

Vera não suportou as primeiras semanas. Estava com a cabeça em Paris, onde se achavam muitos brasileiros. Ela falava francês fluentemente e contava com uma pequena ajuda da família. Nós nos separamos no início da segunda fase do exílio, marcada pelo golpe no Chile. Estivemos juntos em Argel, Havana, Berlim e Santiago, e mantivemos uma grande amizade, com visitas minhas a Paris, quando isso era possível. Foi uma dádiva em minha vida encontrar alguém tão inteligente como Vera Sílvia. Em Paris, ela conheceu Carlos Henrique Maranhão, com quem viveu o final do exílio e teve um filho.

No princípio, morei numa residência estudantil, na base de uma ladeira. "Que ladeira é essa?/ Essa é a ladeira da preguiça", brincávamos, repetindo a letra da canção de Gilberto Gil. A solidão no inverno sueco foi aplacada pela presença de uma pequena colônia. Fazíamos reuniões, planejávamos eventos culturais e denunciávamos a tortura e a repressão no Brasil.

Alguns suecos que conhecíamos se suicidaram. Foi um abalo para todos nós. As pessoas morriam e só se ficava sabendo disso quando os vizinhos desconfiavam, por causa do cheiro. Toda vez que nos chegava uma notícia de suicídio, tendíamos a ficar juntos mais tempo. Eu não tinha condições de explicar aquela frequência de mortes. Minha tendência imediata era atribuir a depressão ao frio e à escuridão do longo inverno, mas logo depois eu pensava que eles sempre tinham vivido ali, que essa história de tristeza no frio poderia ser uma projeção nossa, de sul-americanos desacostumados com aquele clima. Atribuíamos, então, essa infelicidade ao rápido crescimento do país no pós-guerra. Materialmente estavam satisfeitos, porém para muitos o sentido da vida se perdera. Quem vê os filmes de Ingmar Bergman percebe essa atmosfera. Mas grande parte dos suecos não se reconhece neles.

As coisas do Brasil nos ocupavam, mas não eram tudo. Havia um mundo novo diante de nós. A maneira de se relacionar com ele definiria nosso futuro, a possibilidade de adaptação ao Brasil, numa hipotética volta. Estocolmo ainda não era uma metrópole cosmopolita, no entanto os restaurantes italianos, turcos e iugoslavos brotavam em toda parte. A presença dos estrangeiros ia se tornando mais forte. Havia um pequeno mercado aonde íamos nas manhãs de sábado para comprar feijão-preto e outros produtos típicos brasileiros. Era uma espécie de antevisão da mistura de povos que a cidade iria abrigar, mais amplamente, no futuro.

Sem que me desse conta, estava se iniciando uma grande transformação na minha vida. Não posso precisar sua gênese nem estabelecer uma rigorosa cronologia. O golpe de Estado no Chile parecia o fim de uma era. Completava, à sua maneira, o fracasso brasileiro em aprofundar uma democracia, rumo ao socialismo. Se fosse apenas isso, não era exatamente uma novidade. Eu já duvidava daquilo que apresentávamos como uma alternativa ao reformismo radical: a luta armada. Outros fundamentos tremiam sob meus pés — o papel revolucionário da classe operária, por exemplo.

Eu era um trabalhador na Suécia. Convivia com trabalhadores, tomávamos café juntos nos intervalos, falávamos sobre a vida cotidiana e as férias no Algarve. Os cursos de sueco que fizemos para ter um emprego nos permitiam o diálogo em sueco, embora muitos companheiros falassem inglês. Não se interessavam, a não ser alguns poucos, por nenhum papel revolucionário, e não tinham nenhuma vontade de imitar a União Soviética. Pelo contrário, lamentavam sua relativa pobreza, a falta de liberdade de movimento e expressão.

Lembro que certa noite, em Havana, ousei fazer a pergunta ao cabo de um longo dia de estudos: "E se a classe operária não for nada disso que se pensa dela?". "Eu me suicido", disse um dos companheiros, debruçado sobre o livro de Marx.

A situação agora não era favorável. A América do Sul tinha ficado para trás, Vera Sílvia partira para a França, e a classe operária não era, precisamente, o que se havia programado para ela. Mas, surpreendentemente, a vida podia ser interessante. Eu ainda estava envolvido pelo universo de esquerda: exilados e simpatizantes suecos. Da boca para fora, nenhuma novidade. Discursos cheios de esperança, festas com um conjunto chamado Bella Ciao, cantando canções da Guerra Civil Espanhola — na superfície, a história caminhava sob a inspiração de Karl Marx.

Perdemos uma batalha, mas não perdemos a guerra. Como ganhar a guerra, através de uma sucessão de batalhas perdidas? Creio que Gramsci tinha alertado para esse modo religioso de pensar: o reino de Deus está sempre próximo depois de cruzarmos o vale de lágrimas. O texto que eu escrevera em Berlim era uma tentativa desesperada de conviver com o fato de que uma revolução socialista não figurava no horizonte histórico brasileiro. Desejar a democracia rebaixava nossos sonhos do fim da exploração do homem pelo homem, de um tempo em que todos seriam compensados pelo trabalho, seguido de outra era, em que todos seriam compensados de acordo com suas necessidades.

Olhando-me no espelho, vi que eu parecia um viúvo que tinha perdido a esposa de muitos anos e, inconscientemente, parara no tempo. Usava cabelo comprido, bigodes, fumava cigarros de fumo negro, Gauloises, e ainda vestia roupas que ganhara de presente pelo caminho. A decisão de correr diariamente e parar de fumar foi o primeiro grande passo. Comia melhor, respirava melhor, e, ao contrário do que previam alguns, não engordei. Não bastaria correr e deixar de fumar. Um movimento por alimentos saudáveis brotava com força na Suécia e em outras partes do mundo, tocadas pelas primeiras denúncias sobre o papel dos agrotóxicos no meio ambiente e em nossos corpos.

Estocolmo foi a sede da primeira grande conferência ambiental da ONU, em 1972. Eu tinha conhecimento do relatório do célebre Clube de Roma, que previu graves consequências caso os recursos naturais continuassem a ser explorados com intensidade crescente. Mas eram os pequenos cuidados pessoais que me aproximavam da ecologia. Os armazéns de comida saudável, arroz e pão integrais, a supressão do açúcar, tudo isso estava a meu alcance, embora custasse um pouco mais.

Aos sábados, quando saía para as compras no centro da cidade, recebia panfletos de um grupo chamado Partido do Cidadão. Eles queriam proibir o tráfego de automóveis no centro. Na época, pareciam visionários. Eram pessoas simples mas preocupadas com a locomoção urbana no futuro e, sobretudo, com a desfiguração da cidade.

Ao lado da ecologia, outras ideias fortes estavam no horizonte. E, como a própria ecologia, tinham implicação na minha existência cotidiana. A crescente importância das mulheres era uma delas. Eu havia conhecido, no Brasil, mulheres que buscavam um novo comportamento, inspiradas no feminismo. No entanto, nada era parecido na Suécia. O que acontecia ali com as mulheres era um processo social de grande envergadura. Elas estavam presentes no mercado de trabalho, galgavam novos postos e tinham um senso agudo de autonomia.

Não sei se era possível delimitar as diferenças apenas pelo momento distinto do capitalismo sueco. Não eram só diferenças econômicas. Eram diferenças culturais. Um dos meus trabalhos foi como porteiro noturno num hotel de Estocolmo. Tratava-se de um hotel comum, que no passado recebera apenas mulheres que viajavam sozinhas para a capital. Prefeririam se hospedar em estabelecimentos assim, pois não queriam ser incomodadas pelas clássicas propostas que os homens fazem ao deparar com mulheres sozinhas. Elas criaram uma demanda por um espaço de liberdade, algo que se espraiou em outras cidades europeias, como os bares exclusivamente femininos em Amsterdam. Não estudava diretamente esses temas quando cursei antropologia na Universidade de Estocolmo, mas vi nessa disciplina mais abertura para tais questões do que encontrara no marxismo. Esses temas, juntamente com o dos homossexuais e o dos negros, eram uma janela para o mundo, algo que me impulsionava para além do marxismo.

Embora eu não soubesse precisamente o que fazer com as novas ideias no Brasil, elas me libertavam da expectativa de uma remotíssima revolução e abriam o caminho para aprofundar a democracia. Nenhum desses temas, sozinho, tinha condições de substituir a luta de classes, articulando todos os outros. O único que tratava diretamente de como produzir e consumir era a ecologia.

Mas vivíamos o despertar da consciência ecológica. As propostas eram de mudança na vida individual — comer de forma saudável, combater o trânsito no centro da cidade, como fazia o Partido do Cidadão. Os principais textos eram também denúncias da poluição e de crimes que se cometiam contra o meio ambiente. Nos anos iniciais dessa tomada de consciência, o desejo era o de que a economia se desse conta da variável ambiental.

Não se articulavam ainda as mudanças que seriam introduzidas no próprio processo de produção. Produzir sem exaurir os recursos naturais, para garanti-los também às gerações futuras, era um sonho elaborado na Conferência de Estocolmo de 1972.

O desenvolvimento sustentável não tinha condições de orientar com clareza o futuro, porque era um conceito ainda vago para florescer na política cotidiana. Sua lógica não desbancava nem o capitalismo nem o socialismo, tornou-se apenas um desafio aos dois campos que dominavam o mundo. Tanto a burguesia como o próprio marxismo eram entusiastas do progresso e pareciam vê-lo como um projeto de crescimento ilimitado. Pelo menos a advertência do Clube de Roma indicou claramente que havia um novo problema na agenda planetária.

As mudanças foram maiores e mais profundas na minha vida pessoal. A experiência que eu vivia era equivalente, guardadas as proporções, à de um sacerdote que deixa o convento e descobre não só o mundo exterior como suas próprias possibilidades. Ainda assim, a imagem é precária. O marxismo não me obrigava necessariamente a me vestir daquela maneira, a me retrair e fixar meu projeto de vida num improvável futuro.

As forças mais retrógradas dentro de mim se nutriam do marxismo e do que ainda restava de disciplina revolucionária. Mas eu tinha perdido o script da história, aquela confiança em que as coisas se desenrolariam, precisamente, da maneira como Marx previra. Chegava a hora de abandonar uma visão do passado, uma análise do presente e uma expectativa do futuro rigorosamente programadas.

Foi como se um autor diabólico entrasse nos textos clássicos e embaralhasse os dados do roteiro. Vera Sílvia costumava brincar, em algumas reuniões do exílio, quando se perguntava qual era a agenda: "Quem somos, de onde viemos, para onde vamos?", dizia ela. Ignorar todas as respostas dessa agenda de Vera não só me ajudou como incutiu em mim uma sensação de urgência, quando me dei conta do tempo perdido.

Infelizmente não fiz um bom curso de antropologia. Uma certa preguiça me levava a usar o marxismo como explicação para tudo, inclusive para temas não estudados com antecedência. Eu contava com uma espécie de chave mestra, mas batia de cara em portas que não podia abrir.

A vida cotidiana da colônia brasileira em Estocolmo trazia ensinamentos mais fáceis de assimilar. O choque entre gerações, por exemplo. Aqueles entre nós que eram pais se alimentavam de lembranças do passado e de uma grande expectativa de volta, vivendo um presente cinzento. Já os filhos mergulhavam no aqui e agora, aprendiam o idioma, faziam amigos e não entendiam muito bem como os pais se aprisionavam naquele universo nostálgico.

Sentia o conflito dentro de mim. Por que fechar os olhos ao momento presente? Nos meus empregos não havia exigência intelectual. Exceto talvez quando apresentei programas em português na Rádio Suécia. Mesmo ali, trabalhava mais com a voz do que, propriamente, com a cabeça. Lia notícias que chegavam praticamente redigidas das agências. A voz também me garantiu um bom trabalho: narrei em português o vídeo de apresentação de uma empresa de embalagens chamada Tetra Pak. Ganhei passagem de avião para Lund, hospedagem e algum dinheiro para gravar as falas precisamente dentro do timing que o vídeo exigia. Divertia-me com as palavras correndo atrás dos números, que indicavam na tela o momento exato de concluir a narração.

Mesmo quando trabalhava com as mãos, como na limpeza de hospitais ou cortando grama nos cemitérios, o dinheiro era suficiente para que eu me vestisse como quisesse, comprasse livros e passasse as férias de verão numa praia europeia. O movimento que eu vivia internamente me impulsionava em muitas direções. Uma delas era o encontro com o próprio corpo, uma sacudida nas forças repressivas que haviam se entranhado nos músculos e articulações. Comecei a estudar dança.

Sem perder o contato com a colônia brasileira e o setor da esquerda sueca que nos apoiava, ansiava por novas relações. E elas estavam ali numa atmosfera mais cosmopolita que já se desenhava no fim dos anos de exílio. Queria me encontrar com pessoas que não me perguntassem de que país eu viera, o que tinha me trazido à Suécia. E havia um bom número delas que eu escolhia pelo olhar.

Simplesmente estavam ali, tinham vindo de muitos lugares e queriam falar do presente.

Na política para o Brasil, queria fazer apenas o que ajudasse nossa volta. Em Paris, encontrei acidentalmente alguns brasileiros, e desse encontro resultou uma longa entrevista para o *Pasquim*. Cuidadosamente, tentei mostrar que estávamos prontos para o retorno ao país e que nossa presença não ameaçaria a democracia. A simples tentativa de desfazer a imagem de radicalismo e violência que nos envolvia já valia a pena. Ao chegar à Suécia, animado com a publicação da entrevista, comecei a escrever *O que é isso, companheiro?*, contando algumas histórias da resistência à ditadura militar.

Tinha contatos com o Brasil. Falava por telefone com minha prima Leda Nagle. Ainda assim, não esperava uma anistia para tão breve. Na minha análise, o máximo que poderia vir era uma anistia para os que não pegaram em armas, o que já seria bom para um grande número de refugiados políticos. Essa análise talvez reproduzisse a defesa que usamos na cadeia: não contar com a liberdade para breve, pois isso torna insuportável o tempo de espera.

A verdade é que eu não tinha elementos para avaliar o que a ditadura faria de imediato. Assistira ao filme *A guerra acabou*, de Alain Resnais com roteiro de Jorge Semprún. O filme tratava de exilados espanhóis na Europa, com a mesma tendência nostálgica em relação ao país de origem. A lição era clara. A rigor não existe volta ao país: nem você nem o país serão mais os mesmos.

Ainda quando trabalhava como porteiro noturno do Hotel Cristina em Estocolmo, tinha tempo para estudar; comprava dois jornais diários, o *Herald Tribune* sempre, *Le Monde* de vez em quando. Uma parte de mim parecia ter se desprendido da obsessão da volta e cavado um pequeno espaço de sobrevivência no mundo nórdico. Ao chegar em casa, no fim da tarde, colocava os óculos escuros sobre o *Herald* aberto na mesa e pensava: "Estou mais perto de mim mesmo, apesar de tudo".

Certa noite, no hotel, quando todos os hóspedes já dormiam, e eles sempre dormiam antes das onze, o telefone tocou anunciando a anistia — geral, ampla e irrestrita.

Grande impacto. Uma onda de alegria e otimismo me fez compreender como ainda estava ligado à terra. Arrumar a mala, empacotar os livros, partir. Só pensava nisso, sabendo que não voltava para o mesmo país e que também já não era a mesma pessoa que fora banida dele em 1970. E daí?

11.

Dormimos em Paris porque o avião partiria de lá para o Rio pela manhã. Viajamos juntos, Chico Nelson e eu. Não podia viver alegria maior. Chico era o amigo que fora exilado porque a Kombi achada na casa que servira de cativeiro para o embaixador americano Burke Elbrick estava em seu nome. Marinho Celestino, que morava em Paris, veio se despedir. Tanto Chico como Marinho estão mortos. Foi uma sorte tê-los conhecido e ter vivido com eles os últimos momentos de uma longa etapa.

Marinho era um gay negro e corpulento que, de terno escuro, poderia passar por segurança de casa noturna. Cabeleireiro em Vitória, acabou deixando a cidade em busca de novas experiências. Estudava cinema em Paris e, nas férias de verão, trabalhava na sua antiga profissão, em Estocolmo. Ganhava um bom dinheiro e tinha muitos namorados suecos, que chamava de vikings. Marinho, na sua passagem pela Suécia, cortou meu cabelo e fez com que eu me sentisse dez anos mais jovem. Era uma presença esperada no verão porque, além de excelente cabeleireiro, era um grande conversador, divertindo-se com alguns anacronismos de nossa colônia de exilados.

No aeroporto de Paris, uma surpresa. O time do Flamengo, que vinha de um jogo vitorioso, partiria em nosso avião. Dois pedaços distintos do Brasil estavam de volta — um time de futebol popular e refugiados retornando de um longo exílio, com a decretação da anistia. Chico Nelson era o companheiro ideal para aquele sonho. Ele repetiu para mim a frase que sempre me dizia no exílio, em diferentes circunstâncias: "Você está lúcido, Fernandão".

Eu viajava com uma pequena Olivetti portátil, máquina que me acompanhara no último ano. Os livros foram despachados por navio. Não sabia, precisamente, o que faria no Brasil, nem onde iria morar. Contava com minha prima Leda Nagle para me hospedar nas primeiras semanas.

No aeroporto, quando chegamos, os amigos me carregaram em festa, enquanto a charanga do Flamengo tocava furiosamente para saudar os jogadores. Foi uma noite maravilhosa, o começo de uma nova vida. Eu olhava e reconhecia os amigos, alguns mais castigados pelos anos, outros parecendo ter resistido melhor ao impacto de uma longa ditadura militar. Sob a mesma ditadura, destinos diferentes.

Separei-me de Chico Nelson naquela confusão da chegada. No dia seguinte, soube que o carro em que ele estava batera num poste e Chico sofrera fratura de crânio. Tantos anos de exílio, e ele acordou com a cabeça quebrada numa enfermaria coletiva do Hospital Miguel Couto. Contou mais tarde que um vizinho de leito gostava de pássaros e sabia imitá-los. Pelo menos, Chico Nelson ouvia canto de pássaros enquanto meditava sobre a ironia da volta ao Brasil.

Num hospital da Suécia, ele vivera uma situação também estranha. Internado com princípio de pneumonia, passava pelo sono quando, no meio do quarto, surgiu um grupo de meninas de branco, com velas nas mãos, cantando. Era a forma de celebrar santa Luzia, no auge do inverno sueco. Ao ver as meninas de vestido longo com as velas nas mãos, pensou: "Morri, estou no céu".

Os primeiros dias foram intensos, porque não só queria rever tudo e todos, como também sonhava com viagens pelo Brasil profundo. Todos nos ouviam sobre os tempos da ditadura, o exílio. Quase ninguém perguntava: "E agora, o que você vai fazer?". Não havia planos. Eu já terminara *O que é isso, companheiro?*, recentemente publicado. O livro fora bem recebido e vendia bem. Teve um grande impacto nas pessoas que já tinham uma propensão crítica em relação a certos dogmas da esquerda.

Alguns meses antes da minha chegada ao Brasil, a Codecri, do grupo Pasquim, que editara o livro, lançou também em forma de livro a entrevista que eu havia concedido em Paris. O título era *Conversação sobre 68*. Não me passava pela cabeça participar da política convencional. Lembro que, numa entrevista, alguém me perguntou se tinha intenção de ser deputado. Reagi horrorizado: "Você acha que tenho cara de deputado?".

O que eu queria mesmo era rever alguns lugares, conhecer outros, viajar pelo país inteiro, se conseguisse dinheiro para tanto. Contava apenas com as vendas do livro. A Codecri não era superorganizada. No entanto, foi correta todo o tempo, mantendo-me, com os direitos autorais, em condições de percorrer o país, conhecer lugares que me fascinavam, como Porto Seguro, Alcântara, Jericoacoara, entre outros.

A primeira polêmica que enfrentei foi por ter ido de sunga à praia. Não tinha a mínima intenção de provocá-la. Já usara sunga na Suécia e, em algumas praias da Grécia, nadava nu. Se a polêmica precisar de um rótulo, eu diria que ela girou em torno da política do corpo, um tema vasto que, no fundo, prenunciava uma nova época, eficazmente aproveitada pelo capitalismo, que multiplicou academias, artigos de beleza, cirurgias plásticas, produtos dietéticos. Enfim, o capitalismo achou um novo modo de se aprofundar.

Eu não imaginava que fosse surgir uma revolução através da política do corpo, não poderia supor o desfecho. Estava apenas tratando de liberdade individual, depois de um longo período em que a disciplina política reprimira muitos de nossos anseios. Na superfície, a polêmica era sobre meu comportamento. Como, depois de participar do sequestro do embaixador americano, reaparecer de sunga na praia de Ipanema? Não era coisa de homem.

Mas o que era coisa de homem? A pergunta abria a possibilidade de discutir questões recém-vividas no exílio. Era uma forma de questionar o machismo e tocar na discriminação contra os gays. Duas conversas novas na província da política, mas, de certa maneira, já entendidas por alguns setores modernos do país.

Fui procurado pelos jornalistas do *Lampião*, o primeiro jornal gay do país. Concedi uma longa entrevista que foi chamada de capa da publicação, capa que, mais tarde, ficou colada durante muitos anos na parede do meu gabinete de deputado em Brasília. A entrevista era endereçada à esquerda e falava da necessidade de superar o emaranhado repressivo das regras disciplinares, de romper com a rígida divisão entre cabeça e corpo, e, como não podia deixar de ser, expressava apoio à causa homossexual.

Na verdade foram muitas palavras para dizer o que um texto de Manuel Puig fez de forma admirável, em *O beijo da mulher-aranha*, ao confrontar, dentro da prisão, a estreiteza revolucionária de um personagem com a sensibilidade de um detento que era gay. Como aquela capa do *Lampião* ficou muitos anos comigo, lembro-me do título: "Não podemos esperar setenta anos por um orgasmo". Era uma referência ao tempo que a revolução levaria para se consumar. Um prognóstico remoto, numa época em que eu ainda fazia cálculos sobre a chegada da revolução.

Os primeiros anos da década de 1980, em termos de debate,

foram consumidos na defesa da política do corpo. A ideia não era impor uma disciplina corporal, através de esforços repetitivos, nem reduzir barrigas, endurecer bumbuns, tomar toneladas de vitaminas ou desenhar novos traços com a cirurgia plástica. A ideia era apenas desenvolver o potencial do corpo, reprimido por uma série de circunstâncias que o deformavam, ou arruinavam, precocemente, seu vigor.

Era sincero nessa opção. Durante muito tempo fui aluno de Gerry Maretsky, uma ex-bailarina, que realizava no Brasil um trabalho inspirado na antiginástica, teorizada por Thérèse Bertherat. E fiz aulas de dança com Klauss Vianna, um velho amigo ainda dos tempos de Belo Horizonte. Além do talento excepcional, Klauss tinha um grande coração e me apoiou naquela minha busca, sob a ironia e a pressão.

Aliás, não passaria incólume por aquela exposição se não tivesse os amigos que tenho. Não que concordassem comigo em tudo, mas me abrigavam e me aceitavam. Isso me dava segurança para navegar em águas desconhecidas, sempre ameaçado por um naufrágio. Não tinha moradia fixa. Mas considerava a casa de Ivan Angelo e Mariângela Moretzsohn um refúgio seguro, em que a generosidade e o bom humor do casal me ajudavam a recuperar forças para o debate público, nem sempre marcado pela delicadeza.

O fato de imaginar que havia uma ginástica preparando os corpos para o mercado e os padrões de beleza que dele emergiam e uma antiginástica, voltada para a liberação do corpo, era explicável nos cinco primeiros anos da década de 1980. O movimento de absorção dos cuidados com o corpo pelo capitalismo ainda deixava alguma esperança de trabalhar à margem dele. Aos poucos, a apropriação mercantilista transformou o processo num fenômeno de massas, não restando muito espaço para outros padrões corporais e estéticos além dos consagrados pelo mercado.

Foi naqueles anos que comprei um jipe e saí pelo Brasil,

visitando os lugares para onde haviam se mudado as pessoas em busca de uma vida alternativa. Acreditava na possibilidade de uma vida alternativa, distante das leis que regem o capitalismo. Depois de muitas viagens no jipe, ao lado de Lena Pessoa, com quem vivia naquele momento, depois de muito arroz integral, cachoeiras e comunidades, cheguei à conclusão de que estava buscando algo que não existia. Como sempre. Mais tarde, as grandes metrópoles, que considerávamos condenadas, começaram a se reinventar, encontrando saídas para muitos dos seus problemas ambientais.

Para sobreviver, escrevia livros. E os escrevia com tanta rapidez que era possível lançar um por ano. De um modo geral, contavam a experiência do exílio, da volta ao Brasil, e a tentativa de adaptação. Bem que os amigos me advertiam, discretamente, de que isso não era bom, escrever tão rápido, sem distanciamento e reflexão. Os próprios leitores, cuja receptividade baixava um pouco, me aconselhavam, à sua maneira, uma espécie de freio de arrumação.

Até sobre a própria vida alternativa escrevi um pequeno livro, *Vida alternativa*, publicado pela L&PM; de uma certa forma, me despedia desse modo de vida, por considerar que era impossível vivê-la tal como a imaginara. Os primeiros anos da década se passaram sem que eu tivesse resolvido satisfatoriamente meu objetivo de viajar e escrever. Estava esgotado o caminho. Foi preciso voltar ao jornalismo e à vida cotidiana, enriquecida naquele momento pela luta por eleições diretas para a Presidência.

Marinho Celestino sempre dizia que era preciso ter cuidado com "a volta do retorno". Ninguém sabia exatamente o que ele queria dizer com isso. Mas eu concordava, porque a volta sempre representa tropeços, surpresas; nunca vem sozinha, apenas a volta. Ela traz também uma certa culpa por não se ter aprendido a lição.

Estava encerrada uma fase de peregrinação pelo país. Voltar ao jornalismo significa também voltar aos fatos cotidianos, a ter mais relações políticas e pensar no país, através das lutas institucionais. Fazer o quê, em termos políticos? Imediatamente se colocava a luta pelas diretas, mas uma maneira de encarar o futuro passava pela formulação de um caminho, a construção de um partido.

Eu considerava o PT, naquela altura da década de 1980, a novidade no cenário político do Brasil. Lembro-me de ter afirmado isso numa entrevista concedida a Roberto D'Ávila, às margens do Sena, em Paris — havia retornado ao Brasil pouco tempo antes, e estava de volta à Europa, pois ainda pensava passar parte do ano por lá.

Via o PT como uma espécie de social-democracia na sua fase heroica, ainda lutando para chegar ao poder. Nos anos 1960, os trabalhadores, que eram, na nossa cabeça, o personagem principal da história, ainda se comportaram como coadjuvantes, com as greves dos metalúrgicos de Osasco e Contagem. Mas o Brasil tinha mudado. Os trabalhadores especializados, com mais educação, pouco pressionados pelo exército industrial de reserva, ganharam condições de ocupar o centro da cena, na luta contra a ditadura declinante.

A ideia de formar um partido novo, "verde", num momento em que já se discutia se partidos eram ainda instrumentos válidos, foi baseada na experiência europeia. O partido deveria trazer um programa claro sobre os novos temas, ancorados na visão ecológica, e, simultaneamente, atuar ao lado do PT. Com isso se reproduzia o modelo europeu, sobretudo o alemão, da coligação verde-vermelha.

O grande movimento pelas diretas foi muito saudável para a democracia brasileira. Estávamos todos no mesmo palanque. Ainda não havia uma rivalidade ostensiva entre os partidos, o nível de ressentimento era baixo. Lembro-me do comício em Caruaru, onde os principais líderes partidários falaram. Saímos de um hotel em Recife e fomos diretamente para o palanque.

O jovem governador de Alagoas, Fernando Collor de Mello, acompanhado de um pequeno núcleo de seguranças, juntou-se a nós no palanque e, depois, na casa que Fernando Lyra, ministro da Justiça do governo Sarney, conseguiu para nos encontrarmos após o comício. Collor começava a se tornar conhecido como o caçador de marajás. Em Alagoas havia servidores públicos com supersalários, inflados por uma série de artimanhas jurídicas. Collor enfrentou o problema e isso lhe valeu uma visibilidade nacional. Vestia-se como um empresário moderno, ternos bem cortados, gravatas caras; era atlético e tinha uma certa inquietação com alguns temas que, mais tarde, inspiraram a abertura para a entrada de carros estrangeiros no Brasil.

Em alguns dos grandes comícios, como o da Candelária, no Rio, o espectro do palanque se ampliava com a presença de dois experientes políticos que mais tarde teriam a chance fugidia de governar o país: Tancredo Neves e Ulysses Guimarães. Tancredo acabou sendo eleito nas últimas eleições indiretas no Brasil. E Ulysses enfrentou a ditadura militar com altivez. Eu os respeitava. Tive apenas um encontro com eles, entre a eleição e o dia da posse.

Paulo Sérgio Pinheiro e eu havíamos ido falar de um programa de direitos humanos para o país. Éramos membros da Comissão Teotônio Vilela, que entrou em presídios e manicômios e trazia uma visão dramática dessas instituições. Tancredo e Ulysses pareciam cansados durante o encontro, tenho a impressão de que chegaram a cochilar em alguns momentos, possivelmente dosando as energias para outras demandas que os esperavam.

Na morte dos dois, estive o mais perto que me foi possível. Como jornalista, eu podia escolher as pautas. Formara uma pequena equipe de TV e apresentava um programa na Bandeirantes chamado *Vídeo-Cartas*. Trabalhávamos com um orçamento bem curto, e a Bandeirantes estava aberta para experimentação no *Jornal de Vanguarda*.

Um dos programas que fiz sobre Tancredo foi na porta do Incor, quando ele agonizava. Sua doença era um caso de comoção nacional. Um presidente eleito que talvez não chegasse vivo ao dia da posse. Para os brasileiros que só haviam tido presidentes militares desde 1964, a eleição de Tancredo, em 85, representava uma esperança. E o homem agonizava. A partir de certo momento, o prolongamento da vida de Tancredo dependia apenas de aparelhos. De uma forma discreta, minha fala questionava essa tática de prolongar a vida por meio da tecnologia, manter a vida com aparelhos, sem esperanças de melhora. Não seria melhor deixá-lo morrer em paz?

Quando Tancredo morreu, rumamos para São João del Rei com a intenção de fazer uma despedida emocionante. Eu trabalhava com Mário Ferreira como câmera, e definimos que iríamos mostrar a vida na cidade, no dia do adeus a Tancredo. Acordamos bem cedo, era um dia radiante. Queria gravar os sinos, explorar o som, pois São João del Rei é uma cidade musical. De lá saíram compositores, corais, artistas isolados; São João sempre foi conhecida pela dedicação à música, religiosa e profana.

Gente indo para a missa, os primeiros movimentos matinais, passamos um bom tempo voltados para o cotidiano de São João. Só depois disso fomos para o cemitério, onde havia uma pequena multidão, políticos e a família de Tancredo. Nosso tema era a despedida da cidade. Não nos fixamos nos políticos, mas no principal ator da cerimônia: o coveiro. Sua concentração e delicadeza no trabalho era a melhor despedida que podia dar a Tancredo, embora nessas cerimônias haja sempre uma impaciência contida.

Acompanhei o desastre que matou Ulysses alguns anos mais tarde, em 1992. Era correspondente do jornal *Zero Hora*, de Porto Alegre, e fui para o litoral monitorar as buscas do helicóptero que havia caído. O corpo de Ulysses jamais apareceu. Tocou-me uma tarefa triste: reconhecer o corpo de Severo Gomes, que viajava no mesmo voo. Ele era da Comissão Teotônio Vilela, destinada à defesa dos direitos humanos, e fizéramos muitas reuniões em sua casa. Severo era doce e hospitaleiro, e aquela imagem de um afogado ficou muito tempo na minha memória, como se a cada instante eu o visse devastado pelo mar.

Depois da morte de Tancredo, José Sarney assumiu a Presidência. Começava a chamada Nova República, para mim ainda incapaz de dar as respostas de que o país precisava, naquele período de democratização. Quanto mais achava a Nova República inadequada para o momento, mais me reaproximava da política. Nesse período, tive um pequeno confronto com o governo. Foi quando Sarney proibiu a exibição de *Je vous salue, Marie*, de Jean-Luc Godard.

A tarefa do ministro da Justiça, Fernando Lyra, era precisamente acabar com a censura no Brasil, e ele dava inúmeras mostras públicas de que caminhava nessa direção. Era contraditório proibir Godard. Eu tinha excelentes relações com Lyra e fui procurá-lo. Ele me revelou os bastidores da decisão. A mãe do presidente, Kiola, era muito católica e disse para ele: "Se o filme for permitido, você não entra mais aqui em casa".

Apesar da origem prosaica da decisão, comuniquei a Lyra que iria resistir e exibiria o filme, desobedecendo à censura. Consegui uma cópia que os distribuidores vazaram e marquei a primeira exibição. Era um ato público. Escolhemos o lugar, a Casa das Artes de Laranjeiras, e passamos o filme num clima de grande excitação. A qualquer momento, a Polícia Federal poderia aparecer. Ela apareceu e, no final, me levou preso. Felizmente com delicadeza, pois eu estava com uma clavícula quebrada havia dias, resultado de um acidente com o jipe. As pessoas protestaram na saída e fiquei apenas algumas horas na PF. Nem me tomaram depoimento. Prossegui exibindo o filme de Godard e, apesar do ardor militante, não aguentava mais vê-lo. A PF confiscou o filme na primeira exibição, mas, naquela altura, já havia muitas cópias em circulação.

Lembro-me de outro diálogo com o governo da Nova República: sobre a chegada da aids ao país. Por volta de 1985, com as notícias ruins vindas dos EUA e com os primeiros sinais da doença no Brasil, telefonei para o ministro Carlos Sant'anna para discutir a questão. Ele reagiu com moderação, lembrando outras epidemias importantes que já existiam no Brasil.

Alguns anos depois, o tema ganhou a importância que deveria receber no Brasil e chegamos, em termos nacionais, a uma política bem-sucedida de prevenção e de tratamento das pessoas atingidas pela aids.

As duas intervenções indicavam meu desejo de estar mais presente nos problemas do país e me impulsionavam para a política. Com o Partido Verde praticamente criado, embora ainda não legalizado, embarquei na primeira aventura eleitoral, em 1986, candidatando-me ao governo do Rio.

Era uma coligação PT-PV, exatamente como eu a formulara ainda na Europa. O PT tinha poucos votos no Rio, não ultrapassava os 2%. O minúsculo PV tinha como experiência algumas manifestações do grupo Hiroshima Nunca Mais, contra as usinas de Angra dos Reis.

Ainda falávamos com um sotaque europeu, colocando no centro de nosso programa a questão da energia nuclear. Fazíamos nossas manifestações em Angra, com apoio da Maré, uma organização ambiental simpática ao PT. Folheando os jornais da época, encontro uma foto minha varrendo as ruas de Angra, depois da manifestação antinuclear. Era preciso demonstrar e, ao mesmo tempo, afirmar a diferença do movimento nascente.

Com a campanha eleitoral no Rio começou uma nova fase para mim, cortada apenas por uma viagem a Berlim. Em 2000, participei do Festival de Cinema em que o filme *O que é isso, companheiro?* foi exibido. Foi por causa dessa longa fase que as pessoas passaram a me classificar como político e, até hoje, me esforço para entender o que se passou.

12.

A eleição de 1986 em que fui candidato a governador foi a primeira aventura num longo caminho que tinha para mim um sentido estratégico. A candidatura pelo PV e PT era o passo inaugural da coligação verde-vermelha que, no meu entender, poderia modernizar o Brasil, associando justiça social a desenvolvimento sustentável.

A inspiração que animava o pequeno grupo fundador do PV era o modelo europeu desenvolvido na Alemanha pela aliança dos verdes e sociais-democratas, cuja primeira experiência de governo foi realizada no Hesse, no centro do país.

O momento era bom para a tentativa. O Brasil tinha esperanças no processo de redemocratização que apenas começara. Houvera a eleição de governadores em 1982, mas ainda faltava a vitória mais importante do período: eleições diretas para presidente.

Desde o episódio da censura a *Je vous salue, Marie*, senti que vivíamos um período especial, em meados dos anos 1980. Uma sensação de prosperidade alimentava a tolerância com os erros do governo. Uma sensação dada pelo Plano Cruzado, que reduziu drasticamente a alta dos preços, num choque anti-inflacionário que iria durar pouco.

Nas eleições, no entanto, não tínhamos chance de vitória. Mas havia entusiasmo e uma visão de futuro, quase sempre mais fascinante nos sonhos do que na realidade. O Partido Verde ainda não era legal, ainda não cumprira todas as demoradas formalidades para disputar a eleição. Para concorrer, entrei no Partido dos Trabalhadores. E, para ser aceito, discuti em todas as bases do PT, respondendo às mesmas perguntas, visando me salvar ideologicamente. Houve uma resistência pequena, sob o argumento de que o candidato tinha de ser trabalhador. Nada contra. Argumentei apenas que eu era um trabalhador intelectual.

Nos primeiros dias de campanha, o estado-maior composto de dirigentes do PT e do PV decidiu que eu deveria andar de ônibus e táxi. Só tínhamos estado-maior, ainda faltavam o médio e o menor. O dinheiro era curto, e o tesoureiro da campanha o psicanalista Luiz Alberto Py. Recebíamos doações de simpatizantes. Na época, éramos uma coligação nada interessante para as empresas.

O PT no Rio ainda era um partido minúsculo que conquistara 2% do eleitorado na disputa anterior, vencida pelo PDT de Leonel Brizola. As bandeiras do Partido Verde acrescentavam alguma coisa, mas não o suficiente para nos tirar do círculo minoritário. Apesar dessas limitações, organizamos grupos para discutir o programa e publicamos um pequeno livro sobre cada um dos temas do programa, cada um escrito pelo grupo correspondente. Demos ênfase à educação, ao transporte, à governança metropolitana, por exemplo. Aprendi ali que programas de governo não são muito lidos. Mas trazem o mínimo de segurança: em caso de vitória, não estaríamos perdidos; em caso de derrota, pelo menos semearíamos algumas ideias.

Aprendi a fazer corpo a corpo. Há sempre uma timidez inicial a vencer. Visitava feiras livres na região metropolitana.

Comecei dois meses antes do programa eleitoral na televisão. As eleições ainda estavam distantes. "Olá, sou candidato a governador." "Como?" "A governador." "Mas haverá eleições agora?"

Haveria eleições, lançamo-nos de cabeça no processo, mas a maioria esmagadora estava envolta em seus problemas cotidianos. Trazíamos as pessoas para uma realidade surpreendente. Era como se disséssemos: "Dentro de quatro semanas é Dia dos Namorados, não se esqueçam de comprar flores".

Apesar das dificuldades, nossa campanha crescia, aos poucos, e ganhou novo ritmo com o debate na televisão. A performance foi boa e os institutos de pesquisa registraram uma recepção favorável. Mas surgiu a maconha como um elemento de contenção do crescimento. O *Jornal do Brasil* publicou manchete dizendo que eu iria legalizar a maconha.

De fato, eu era favorável à legalização, porém isso não depende do governador. O episódio teve um peso, mas a verdade é que foi por uma espécie de escolha que não saímos do círculo da classe média. Era onde poderíamos crescer mais rapidamente, dentro das circunstâncias. Nos setores mais pobres da população era maior a resistência aos temas comportamentais. Desde a luta contra a censura do filme de Godard, eu tentava emplacar o que formulara ao voltar da Europa: a esquerda só cresceria se abandonasse a fixação na luta de classes e abrisse espaço para novos temas.

A marcha Fala Mulher, na avenida Rio Branco, conseguiu mobilizar mais de 2 mil pessoas. Estavam vestidas de rosa, com flores na mão. Foi uma tentativa das mulheres do PT e do PV de colocarem sua temática na agenda das eleições, algo que jamais havia acontecido, embora as eleições no período pós-ditadura estivessem apenas começando.

Nessa batalha cultural, íamos atrás dos preconceitos para combatê-los. O candidato a vice-governador era um negro, Agnaldo Bezerra dos Santos, conhecido como Bola. Tinha sido líder comunitário no Chapéu Mangueira, um morro situado no Leme, Zona Sul, e fora casado com Benedita da Silva, que se apresentava como negra, mulher e favelada, enfatizando com isso alguns elementos novos no debate eleitoral.

Quando saíamos do Rio, usávamos o jipe Gurgel vermelho que eu tinha comprado, e, apesar do transporte incômodo, Bola estava sempre de bom humor. Morreu de um edema pulmonar, dois anos após as eleições, em 1988. No comitê eleitoral, recebi os ciganos da cidade. Num domingo de campanha visitei um hospital de hansenianos, para denunciar o preconceito contra eles. Gabriela Leite já havia despontado como líder do movimento das prostitutas e me apoiava abertamente.

Tudo isso, em termos de votos, era uma receita minoritária, mesmo ampliada pelas lutas ambientais. Aliás, foi no âmbito dessas lutas que conseguimos realizar a mais interessante manifestação eleitoral do período: o abraço à Lagoa Rodrigo de Freitas, que mobilizou 70 mil pessoas. A ideia foi de Sylvia Gardenberg, que participava do comitê eleitoral da Lagoa. Pareceu estranha, no princípio. Mas percebemos muito rapidamente que ali estava uma nova forma de se manifestar.

Era algo arriscado no período eleitoral. Para fechar o abraço em torno dos quase oito quilômetros da orla, era necessária muita gente. Se deixássemos algum espaço aberto, se o círculo não se fechasse, a imprensa e os adversários classificariam o ato de fracasso. Como naquelas manifestações da década de 1960, apareceu gente de todo lado. Só que sem a tensão dos Anos de Chumbo, marcados por choques com a polícia, coquetéis molotov e bombas de gás lacrimogêneo.

No abraço à Lagoa ninguém chorava. Era uma multidão alegre e colorida. Não estava ali para ouvir discursos. Não havia um palanque de onde brotariam palavras de ordem. Como candidato, limitei-me a entrar num barco, percorrer a orla saudando os manifestantes. Minha família estava comigo: Yamê, com quem vivia fazia quatro anos, nossa filha Tami, e Maya, esta ainda dentro da barriga da mãe.

Marchávamos para uma previsível derrota, mas cheios de otimismo. A realidade, de certa maneira, justificou o otimismo. A votação do PT triplicou no Rio, foi plantada a semente do Partido Verde, saímos todos satisfeitos. O ganhador das eleições de 1986, no Rio, foi Moreira Franco, que era o candidato do governo federal e prometera acabar com a violência no estado em seis meses. Irresistível.

O segundo colocado, adiante de mim, foi Darcy Ribeiro, que era o candidato do governo Brizola. Darcy ficou um pouco irritado com uma candidatura a mais no campo da esquerda, o que lhe parecia uma inútil dispersão de forças. Mas depois do processo continuamos amigos e o visitei em seu apartamento em Copacabana, onde ele falava de uma nova civilização tropical e, de vez em quando, reafirmava, em tom de brincadeira, que não podia viver sem três namoradas.

O processo eleitoral de 1986 foi o início de uma longa amizade com o PT, mostrou que havia um setor da sociedade querendo ideias novas na política e começou a me ensinar a tarefa de conduzir uma eleição majoritária. Grandes pensadores do século XX, como Freud e Marx, chamaram a atenção para as razões ocultas de muitas de nossas atitudes aparentemente racionais. Há algo por baixo delas, uma espécie de essência escondida sob a aparência.

Numa campanha eleitoral pode-se abandonar um pouco o conhecimento específico desses grandes autores. Mas nunca a desconfiança de que os discursos expressam um interesse oculto. O aprendizado se faz através das inúmeras ciladas. Por mais que se esforce, o candidato acaba caindo numa delas. E o que é decisivo: por mais desesperadora que seja a situação, mais necessário é achar uma saída elegante.

A tensão numa campanha majoritária tende a se concentrar na agenda: um simples telefone na mesa negra, alguém que atende e anota. Mas pelos fios passam toda a ansiedade, o drama, as chantagens sentimentais dos candidatos em busca do apoio da campanha majoritária. Passa também a ilusão sobre o processo eleitoral, a expectativa de promover grandes encontros que, no fundo, revelam-se um fiasco. É uma ilusão que persegue alguns candidatos até o dia das eleições e costuma morrer, quando morre, com os magros votos apurados. Nos casos extremos, sentem-se traídos pela família, pelos amigos e, às vezes, pela própria mulher.

Em vários casos, saímos do Rio no velho jipe vermelho para manifestações de 5 mil pessoas e encontramos apenas uns gatos-pingados agitando os cartazes do candidato. Muitas vezes comparecíamos somente porque os manifestantes alegavam que já haviam distribuído os panfletos e avisado a imprensa. Reclamavam de discriminação, caso aventássemos não ir.

As ciladas nunca desapareceram nas campanhas posteriores. A única vingança contra elas era o humor: ríamos muito na volta ao comitê da campanha. As eleições de 1986 me ensinaram, pelo menos, qual é a tarefa mais árdua: a agenda.

Com mais de 700 mil votos e a sensação de dever cumprido, não tinha sonhos eleitorais no final de 1986. Maya nasceria logo no ano seguinte, seriam duas filhas para cuidar e uma renda muito volátil, sobretudo a que dependia de freelancer.

Mas o momento que se aproximava era fascinante demais: eleições diretas para presidente. Lula era o candidato natural do nosso campo. As pessoas gostavam muito de seu discurso, de sua trajetória extraordinária, da simplicidade do homem de barba preta, seu calor humano e fidelidade às origens na pobreza e no trabalho. Minha filha Tami mal completara três anos, mas ia aos comícios. Lembro-me da reverência com que eu me referia a Lula e, de certa forma, dava a entender a ela que nosso futuro estava ligado à trajetória dele, o rosto suado, a voz rouca, enfim, a encarnação do povo brasileiro que se tornava consciente e queria o poder.

No ano da eleição presidencial descobri que havia mais incômodo ainda do que o papel de quem faz a agenda: ser candidato a vice. A coligação verde-vermelha tivera uma boa performance no Rio e alguns queriam que ela se repetisse em escala nacional. Arthur Miller tem uma frase: "Quando a pessoa se torna famosa, ninguém mais a conhece". Isso é válido para candidatos. Comentam-se suas virtudes e defeitos, especula-se febrilmente sobre suas reações sem que o candidato se sinta de fato objeto real daquele debate.

Tudo isso se torna mais absurdo quando se é apenas candidato a vice num processo em que as chances de vitória não são das maiores. Meu nome foi aprovado num encontro do PT. Mas a coligação envolvia também o PSB e o PCdoB, partidos que buscavam precisamente o espaço do vice. Eles bombardearam a ideia.

Seria cômodo apresentar-me como vítima de preconceito. Alguns opositores de minha presença na chapa diziam que eu não tinha a imagem viril que o povo espera de um candidato, que eu parecia gay. Outros argumentavam que era preciso disputar para vencer, e um nome ligado à luta de minorias poderia dar à campanha a aparência de ser apenas propaganda para marcar posição.

Olhando para trás, vejo o argumento da virilidade como um simples pretexto. No fundo, havia a luta surda dos partidos por um espaço na primeira eleição presidencial pós-ditadura militar. A coligação em torno de Lula optou por um desembargador gaúcho do PSB, José Paulo Bisol. E o Partido Verde, querendo ter uma presença definida, resolveu lançar candidatura própria à Presidência.

Não posso nem lembrar. Foi, de todas, a campanha mais difícil para mim. Era uma tarefa de propaganda apenas. Se Lula fosse ao segundo turno, como de fato foi, nós o apoiaríamos com entusiasmo.

Não havia dinheiro para nada. Muitas vezes tive de tomar ônibus depois de gravar o minúsculo programa eleitoral de televisão num estúdio em Botafogo. Sentia-me um pouco, num contexto diferente, como aqueles candidatos independentes nas eleições americanas que concorrem com um só tema na cabeça — a defesa da comida vegetariana, por exemplo.

O mais duro eram as viagens de avião. Ia sozinho e comportava-me de uma forma discreta, esperando que não me vissem naquela radical escassez de estrutura e gente. Ao desembarcar, havia sempre meia dúzia de militantes acenando bandeirinhas verdes, e eu tinha vontade de desaparecer. Os passageiros me olhavam surpresos ou mesmo agradecidos por não tê-los incomodado durante o voo.

Limitei-me a defender alguns temas ecológicos no programa de dez segundos. Não havia muito que fazer, exceto dizer algumas frases. Para impressionar, conseguimos que o anúncio da candidatura fosse gravado por uma voz grossa e cavernosa: Gabeira, presidente do Brasil. Parecia uma brincadeira, a voz de um urso-polar num desenho animado ou de um Papai Noel acionando suas renas.

Muito tempo depois, alguém imitava a voz do locutor e ainda ria daquilo. O resultado eleitoral foi ridículo, mas não havia tempo para luto. Começava o segundo turno. E a disputa entre Lula e Fernando Collor, em 1989, seria emocionante. Para nós estava em jogo a possibilidade de renovação política. Collor apoiava-se nas forças tradicionais, e no campo econômico tendia ao liberalismo: reduzir a importância do Estado, modernizar o capitalismo brasileiro. Ele encontrou um tema para popularizar a abertura da economia: "Os carros nacionais são umas carroças", dizia. Era preciso aceitar a competição internacional para o bem dos consumidores.

Fernando Collor tinha alguns traços de yuppie. Vinha de um dos estados mais atrasados do país, Alagoas, e comportava-se como um adolescente raivoso diante das inevitáveis provocações de rua. Estendia o braço como se estivesse numa luta marcial e afirmava que tinha os colhões roxos.

Tratava-se de uma expressão pouco conhecida, e inferíamos que os colhões roxos seriam o símbolo de coragem associada à masculinidade. Eram roxos e não cor-de-rosa. Lula fazia sua campanha em comícios e portas de fábrica. Tinha propaganda, mas naquela eleição os critérios de marketing ainda não ditavam o que declarar e como se vestir durante a campanha. Lula era o que era; estávamos todos muito orgulhosos dele.

Eu costumava participar dos grandes comícios, e cheguei a ir a Porto Alegre para um deles. Mas a campanha era mesmo nas ruas do Rio. Lucélia Santos, a atriz que se tornou popular como protagonista de *Escrava Isaura*, novela da TV Globo, estava sempre ao meu lado, como na campanha de 1986 no Rio. Lembro que gritávamos o nome de Lula numa calçada do Leblon, enquanto os eleitores de Collor gritavam o nome dele, no outro lado da rua. Era como se fôssemos duas torcidas antes de um grande jogo de futebol. Um jogo que, para muitos, acabou sendo injusto, porque o debate final editado pela TV Globo parecia uma intervenção pró-Collor fora das linhas do campo.

Não posso precisar se consideravam a Globo um juiz ou um simples bandeirinha. Mas a edição do debate fez com que nos sentíssemos derrotados pela marcação de um pênalti que não houve. Hoje, sabemos que é muito difícil atribuir a derrota numa eleição apenas a um fator. Seria preciso ter tentado outras vezes para que a sociedade aceitasse melhor a mudança, dissolvesse alguns temores que ainda existiam e eram divulgados pela contrapropaganda. O mais importante deles era o anticomunismo, o medo de desapropriações, do fim da propriedade privada.

Ficamos arrasados com a derrota em 1989. Pessoalmente, sentia que iria viver um exílio no Brasil. De novo. Essa sensação se acentuou com o plano econômico de Collor e sua ministra da Fazenda, Zélia Cardoso de Melo. A poupança foi confiscada. Ficamos reduzidos a uma quantia mínima. Naquele momento, já pai de duas filhas, não sabia muito bem onde buscar a saída. Todos os amigos tinham sido atingidos e perderam seu dinheiro. A ministra era arrogante, dona de todas as verdades, e gesticulando na TV parecia a caricatura de uma cientista maluca que julgava controlar uma realidade fugidia.

Receber as dívidas pendentes era difícil também. Em situação de penúria como a que se sucedeu ao plano econômico, nem uma remota esperança sobrevivia. Lembro que colaborava no jornal *O Dia*. Fui tentar receber algo que ainda tinha por lá e encontrei o cartunista Jaguar, com a mesma missão. Saímos juntos e fomos tomar um café na praça Tiradentes. Não conseguimos um centavo com o jornal, mas ainda havia dinheiro para essa aventura. Acabamos rindo bastante de nossa própria desgraça momentânea.

Eu não estava apenas descontente com o país. Meu ceticismo sobre a utilidade de partidos políticos reacendeu. Já havíamos discutido muito isso, no princípio dos anos 1980. Partido ou movimento, em que investir nossa energia? Os partidos eram formas do passado, mas não havia nada que pudesse ocupar seu papel institucional.

Numa entrevista que concedi ao deixar o Brasil, cheguei a afirmar que não havia vida inteligente em partidos políticos. Dedicava-me, de novo, ao jornalismo, e estava de partida para Berlim, onde seria correspondente da *Folha de S.Paulo*. Eram boas as condições de trabalho, Berlim despontava como uma nova exuberante metrópole europeia. E o Muro acabara de cair.

Sentia-me rumando para o cenário mais importante do fim do século, algo que na verdade era o marco simbólico de sua conclusão. Já não encontraria o lugar tensionado pela Guerra Fria, e creio que até os punks que adotaram Berlim como a terra do "no future" estivessem surpresos com o frenético movimento imobiliário, a descoberta da velha Alemanha Oriental pelos intelectuais e boêmios.

Aluguei um apartamento em Schlachtensee, e quase no fim do inverno europeu a família se mudou do Rio para lá. Estávamos na zona sul de Berlim, e muito perto de um dos belos lagos da cidade, que dá nome ao bairro. As crianças poderiam esperar algo mais do verão além de colher morangos. Era possível também ir à praia em Wannsee, outro lago maravilhoso, um pouco assombrado pela história, porque foi ali que Hitler e os nazistas fizeram a conferência que decidiu o extermínio dos judeus.

Estávamos entre Nikolassee e Wannsee e bem próximo de Potsdam, uma cidade encantadora cheia de parques e palácios, entre eles o palácio de Sanssouci. Havia o que fazer aos domingos. Durante a semana, o trabalho era intenso. Levei um pequeno computador, mas a internet para nós era ainda uma promessa. Eu conseguia enviar os textos para a *Folha* via um provedor na Europa. Não líamos jornais on-line nem utilizávamos pelo menos 99% dos recursos que iriam revolucionar nosso trabalho. O mundo ainda era analógico.

Levei duas câmeras Minolta e algumas lentes. Eram das mais modernas no mercado. Mas ainda assim tinha de revelar filmes em lojas de Berlim ou enviá-los para que fossem processados no Brasil. Fui para Berlim para cobrir o que se passava após a queda do Muro, mas seus estilhaços voavam muito longe. Minha primeira missão foi cobrir a independência da Eslovênia e a da Croácia, que aconteceriam na mesma data.

A Iugoslávia estava desaparecendo e no seu lugar emergiam as realidades nacionais. Em Liubliana, capital da Eslovênia, cheguei a me sentir numa festa durante o banquete da independência, para o qual jornalistas também foram convidados. Mas, quando saí do jantar, os caças sérvios sobrevoavam a cidade para avisar que a festa tinha acabado e agora viriam as consequências.

De Liubliana parti para Zagreb: era a vez da Croácia de proclamar sua independência. Mal cheguei ao hotel, tive um pressentimento de que algo estava acontecendo. Entrei num táxi e pedi ao motorista que me levasse ao Parlamento. O líder croata Franjo Tudjman acabara de proclamar a independência e saía para as ruas com os braços abertos. Fiz a foto e olhei em torno: não havia jornalistas.

Tinha em mãos um documento inédito, mas nenhuma ideia de como transmiti-lo ao Brasil. Propus um acordo a um fotógrafo inglês munido de equipamento para transmitir a imagem e que sabia fazer o que chamamos de gato no telefone do quarto do hotel. Era a única forma de transmiti-la, e deu certo.

Os dias posteriores na Croácia foram mais duros. Os tanques do Exército sérvio estavam entrando no país. Viajei para o interior para fotografá-los. Os soldados eram hostis a jornalistas que pensavam ser estrangeiros. Detestavam os alemães e creio que, como nos morros do Rio, acharam que éramos todos alemães.

Estávamos no muro do quintal de uma casa, quando começaram a atirar em nossa direção. O tiro passou rente à cabeça de um radialista português que também tentava tirar fotos. Saímos correndo, desordenadamente. Uma fuga sem muita glória, porque o cachorro amarrado no quintal pulava para nos morder. A artilharia silenciou, e, de repente, éramos adultos com máquinas a tiracolo correndo de um simples cachorro amarrado num quintal.

No íntimo, aquilo me parecia patético. Acabara de concorrer a uma eleição no Rio usando o símbolo da estrela vermelha, e agora fugia de tanques que ostentavam uma estrela vermelha e mandavam bala em nossa direção.

Fiz duas viagens à Croácia e encontrei um bom caminho,

pela Áustria. Mas não cobri os acontecimentos mais trágicos que viriam depois, na Bósnia e em Kosovo. Era difícil viajar pelo interior da Croácia. Havia milícias armadas e barreiras. Eu mostrava os documentos, guardava as câmeras e escondia nas meias alguns filmes operados. Sair com os filmes era sair com a missão cumprida.

Naquele ano em Berlim segui estilhaços do Muro na desintegração do império soviético. Decidi cobrir o que se passava nos países bálticos que se apressavam para buscar a independência. Viajei para a Finlândia e de lá para a Estônia. Na Lituânia vi de perto um escritório da KGB, a polícia secreta russa, ser desmontado às pressas, os funcionários correndo com gavetas na mão. Era uma boa história. Tentei usar um telex, mas suas teclas eram em cirílico, algo assustador nas circunstâncias, como um relógio sem ponteiros.

A grande experiência foi ir aos Correios tentar mandar por lá uma mensagem de telex. "Leva 24 horas", me disseram no balcão. Compreendi de forma definitiva como o socialismo tinha se distanciado do avanço nas telecomunicações, cuja dinâmica já intuía enviando textos por computador de Berlim para São Paulo.

Esse episódio marcou minha vida, porque anos mais tarde foi a inspiração de meu esforço pela quebra do monopólio estatal das comunicações no Brasil. Toda a censura que ouvi da esquerda, quando defendi que as empresas privadas entrassem no negócio dos telefones no país, eu remetia àquele balcão lituano: "Só daqui a 24 horas". Durou um ano a experiência em Berlim. O jornal se reestruturava e cortava despesas. Voltaríamos para o Brasil, mas o ano foi intenso para a família. Compramos um carro usado e Yamê nos guiava pelas ruas de Berlim, graças ao seu bom senso de orientação. Tami aprendeu alemão na escola e continuou seus estudos no Brasil; nas férias universitárias trabalhava como intérprete no Rio.

Apenas a menor, Maya, não se beneficiou tanto de nossa passagem. Mas numa curta viagem à Dinamarca ela se revelou.

Fomos visitar o parque de diversões Tivoli. Maya dormiu grande parte do tempo e a levei no colo. Resolveu entrar na roda-gigante e não queria sair mais. Senti enjoo, tive até medo de continuar, implorei para descer, mas ela insistia. Ficaria ali horas, porque, mais tarde se revelou, ao se tornar uma atleta de esporte radical, gostava de adrenalina.

Voltar ao Rio em 1992 tinha seus encantos. A cidade se preparava para a maior reunião internacional do pós-guerra, a conferência da ONU intitulada Rio-92. Era o começo de uma nova fase que acabaria me levando a Brasília, onde permaneci com mandato parlamentar por dezesseis anos.

13.

A Rio-92, também conhecida como ECO-92, foi a maior conferência mundial do pós-guerra a tratar do debate ambiental. Como ainda não estávamos habituados a conferências desse porte, talvez esperássemos muito dela, mais do que poderia dar. Mas o simples fato de acontecer no Brasil já era importante. O país deixaria para trás a imagem de vilão do meio ambiente. E os telejornais noturnos falariam dos temas ecológicos para o grande público.

Durante os preparativos, houve um problema. A China pediu ao Brasil que só permitisse a entrada do dalai-lama, líder espiritual do Tibete, quando as autoridades chinesas tivessem saído do país. Na prática, isso significava suprimi-lo da conferência alternativa que seria realizada no Aterro do Flamengo. O Itamaraty não chegou a rejeitar a proposta dos chineses, mas retardou o quanto pôde a concessão do visto ao dalai-lama. Foi necessária uma certa pressão dos jornais para que o Itamaraty cedesse. Lembro-me de ter escrito um artigo na *Folha de S.Paulo* alegando que seria embaraçoso para o Brasil excluir o líder tibetano de uma conferência internacional só porque os chineses pediam.

A conferência de 1992 foi precedida pela de Estocolmo, realizada vinte anos antes. O encontro na Suécia fora influenciado por um documento do Clube de Roma, que defendia que o modo de consumo e produção no planeta iria esbarrar na finitude dos recursos naturais. Ainda na Suécia, formulou-se o conceito de desenvolvimento sustentável: à falta de uma definição mais completa, dizia-se que é o que usa as riquezas naturais para as necessidades presentes, preservando a continuidade de tais recursos para uso das gerações futuras; viver e deixar viver.

A conferência do Rio tinha outra missão: elaborar um documento coletivo para os três principais problemas ambientais selecionados: mudanças climáticas, preservação das florestas tropicais e redução do buraco na camada de ozônio.

Os participantes, inspirados pelos países africanos, deram relevância também ao tema da desertificação. Era difícil, como sempre foi, chegar a um consenso. A contradição Norte-Sul ainda parecia dominar os ânimos: quem tem mais responsabilidade na degradação do meio ambiente? Quem dará os recursos para a correção dos rumos planetários?

A questão dos recursos nunca foi resolvida adequadamente. Na época, os escandinavos propunham destinar 1% do PIB dos países desenvolvidos a projetos ambientais nos países mais pobres. A proposta fez água. Creio que teve um grande peso a situação da Alemanha. Lembro que, ao cobrir a entrevista coletiva de Helmut Kohl, então primeiro-ministro, fiz uma pergunta sobre o tema e ele disse que a Alemanha reunificada concentrava todos os recursos na recuperação do lado oriental. Era uma tarefa histórica gigantesca, que deixava pouca margem para a ajuda internacional.

Mas, além de promover convenções importantes, a Rio-92 lançava a semente de novas iniciativas, como o Protocolo de Kyoto, tornando o Brasil mais consciente da importância da questão ambiental.

Collor de Mello já sentia, durante a Conferência, realizada entre os dias 3 e 14 de junho, o impacto da crise interna causada pelas denúncias de corrupção no seu governo. Em pouco tempo a crise iria se transformar em pedido de impeachment. As acusações feitas pelo irmão de Fernando Collor, Pedro, acabaram resultando num forte movimento pela queda do presidente. Eu acompanhava tudo como repórter. A queda de Collor parecia muito provável. Fui entrevistar o homem que iria substituí-lo em caso de impeachment, o vice Itamar Franco.

Velho conhecido de Juiz de Fora, Itamar me recebeu no hotel Sheraton, em São Conrado. Eu formulava as perguntas já o considerando o futuro presidente. Ele hesitava em assumir o papel, não apenas por tática política: parecia ainda não acreditar que em alguns dias o governo cairia em suas mãos. E caiu.

O período era de expectativa em torno das novas eleições, em 1994. Aparentemente, Lula teria grandes possibilidades de vitória. Collor, ao cair em desgraça, acabou fortalecendo mais ainda uma proposta de renovação ética. Creio que, após a queda do presidente, surgiu a ideia de caravanas pelo país. Chamavam-se Caravanas da Cidadania. Embarquei numa delas em Uruguaiana e viajei com Lula até Londrina. Parávamos em todas as cidades pelo caminho.

Todos os dias eu ouvia três discursos de Lula. No fim, já sabia quando o candidato estava terminando e me preparava para sair. Anos mais tarde, os colaboradores que me acompanhavam em campanhas majoritárias diziam o mesmo de mim: sabiam antes dos outros quando estava chegando ao final.

Dessas viagens resultou um livro conjunto, e nele publiquei minhas impressões e algumas fotos. O livro, já um instrumento de campanha, era destinado a divulgar a Caravana da Cidadania, que, por sua vez, contribuiu para que Lula ficasse conhecido de muita gente no interior. E para que conhecêssemos melhor o país.

Tenho uma lembrança viva da cidade catarinense de São

Joaquim, que produz maçãs e onde costuma nevar no inverno. Embora procurasse me colocar discretamente na caravana, fui reconhecido por algumas jovens. Uma delas me disse: "Você está envelhecendo de forma bonita". Fui incapaz de agradecer sua generosidade, talvez porque estupidamente ignorasse que tinha envelhecido. Com duas filhas grandes e cabelos brancos, câmeras penduradas no pescoço, perguntei a mim mesmo se não era o caso de tomar outro rumo.

Em 1994, enfrentei a primeira campanha para deputado. Não tinha recursos, mas já era conhecido de uma parte dos eleitores, depois de duas tentativas. A ideia era simples: usar uma bicicleta para chamar a atenção. Foi possível amarrar uma bandeira com meu número de candidato e anexar um som, que funcionava bem sobretudo na beira da praia.

Apoiava a candidatura de Lula porque via nela, como nos movimentos anteriores, uma dinâmica da coligação verde-vermelha, sonho trazido da Europa. Meu foco eram os eleitores jovens. Não pretendia cobrir todo o estado, nem tratar das grandes questões. A escassez de recursos impunha uma economia de ações, buscando o máximo de eficácia.

Nunca abandonei essas bandeiras minoritárias, mas não poderia abordá-las da mesma maneira ao longo do amadurecimento político. Uma política democrática de drogas, a luta pelo fim do serviço militar obrigatório, a luta contra a discriminação aos gays e, sobretudo, a questão ecológica me ajudaram a chegar a Brasília. Como conduzir essas lutas naquele universo, como obter os resultados mínimos para não desapontar os eleitores jovens? Ao ser eleito numa coligação da esquerda, eu começaria uma longa jornada pelas instituições. Meu principal objetivo, apoiar Lula no Parlamento, não se concretizou: Lula perdeu. Depois da queda de Collor, eu confiava em sua vitória, uma vez que ele fora o adversário principal do presidente deposto.

Em 1986, havíamos sido atropelados pelo Plano Cruzado. O trator da vez era o Plano Real, também destinado a combater a inflação e bem melhor fundamentado por uma brilhante equipe de economistas. O universo eleitoral em que me movia não era tão influenciado pelo fator econômico. Em escala nacional, o Plano Real foi decisivo. Lula perdeu pela segunda vez em 1994, agora para Fernando Henrique Cardoso, cuja carreira foi impulsionada pelo êxito do plano.

A vida dava uma nova virada. Tornei-me deputado, tinha um programa específico para respeitar e a tarefa de avançar na aliança que poderia nos levar ao governo, com o PT à frente.

A primeira sessão da Câmara foi surpreendente para mim. Elegeu-se um novo presidente, Luis Eduardo Magalhães, e, em seguida, foi decretado um recesso. Usei o microfone para indagar se não era estranho tirar férias antes mesmo de começar a trabalhar. Luis Eduardo apenas sorriu, olhou para mim e disse: "Vou encerrar a sessão". O sorriso era de tolerância com minha ingenuidade. Não era preciso descartar todas as esperanças, como na entrada do inferno da *Divina comédia*. As mais singelas, no entanto, teriam de ficar pelo caminho.

Não acreditava na máxima sartriana do intelectual que precisa sujar as mãos para realizar seus objetivos políticos. Tomada ao pé da letra, era apenas uma tradução existencial do lema leninista: os fins justificam os meios. Não havia objetivos revolucionários grandiosos. O século XX já tinha revelado a carnificina que uma concepção desse tipo pode deixar atrás de si. Entre a rejeição dessa tese de Lênin e uma ingenuidade patética no mundo real havia um estreito caminho.

Eu conhecia o Congresso apenas como jornalista. Certos acontecimentos atraíam repórteres, mas em geral por um tempo curto. "Sempre nos encontramos em momentos wagnerianos", disse-me uma vez o jornalista Murilo Melo Filho. Ele costumava aparecer nos grandes acontecimentos, como a votação das eleições diretas para presidente e o impeachment de Fernando Collor. A situação agora era outra. Eu não estava mais ali somente nos momentos wagnerianos, mas também nos kafkianos, nos dantescos, enfim, para o que desse e viesse.

Funcionários da Câmara foram deslocados para os estados, a fim de orientar deputados de primeiro mandato. Instalaram-se num hotel do Leblon. Além das instruções burocráticas, deram-me uma carteira preta, com um brasão da República dourado. Era de um couro vagabundo que, com o uso cotidiano, desbotava por causa do suor. Mas o brasão em relevo estava lá, lembrando, a uma certa distância, que o portador era uma autoridade.

Antes da posse, soube que havia dois tipos de gabinete: com ou sem banheiro. Iniciante, fui para o Anexo 3, onde não havia banheiro, mas disso eu não sabia, e lá estavam concentrados alguns combativos deputados de oposição. O anexo era conhecido como Vietnã. Percebi logo que os funcionários são muito corteses com os deputados. Eles os chamam de Excelência. Com a trajetória que me levara até ali e, sobretudo, com o eleitorado irreverente, não via nada pessoal no tratamento.

Tinha muitos projetos de trabalho, mas a adaptação ao lugar foi muito difícil, e creio que jamais aconteceu plenamente. Na porta do Congresso, havia famílias pobres pedindo esmolas e, nos corredores, profissionais especializados em colher assinaturas de deputados para todo tipo de proposta.

Eu não estava lá para fazer caridade. Porém, tornou-se impossível ignorar as crianças com as mãos estendidas, às vezes com um irmão menor no colo. Toda semana trocávamos olhares, algumas frases, e eu as via crescendo e virando adolescentes, ali na porta. Mesmo os catadores de assinaturas, emboscados nos corredores, no meio da pequena multidão ambulante, iam ficando conhecidos. "Por favor, preciso de sua assinatura para completar o dinheiro da semana", diziam. E contavam sua batalha contra a escassez.

A tática mais comum, uma vez cercado por um grupo deles, era assinar qualquer coisa, com a ressalva de que possivelmente não se votaria naquilo. Isso tornava nossos passos mais cômodos, embora nos expusesse a um perigo: a denúncia, por parte da imprensa, de que os documentos eram assinados descuidadamente. Em vários momentos, os jornalistas criaram absurdos projetos imaginários para mostrar que os deputados assinavam sem ler. E conseguiam provar.

Jamais assinei algo estapafúrdio. Mas era minha primeira inclusão naquele universo político. Assinava o que pediam para poder caminhar em paz pelos corredores.

Se Brasília me desconcertava como visitante, agora teria de pensá-la do ponto de vista de um quase morador. Os apartamentos que a Câmara oferecia eram de três quartos, muito grandes. Foram planejados para abrigar uma família; vagar por seus cômodos só acentuaria a solidão.

Alguns deputados precisavam do espaço porque às vezes levavam a família, ou recebiam eleitores de seus estados com pendências em Brasília. Não era meu caso. Meus eleitores não tinham o hábito de visitar a capital. Seria necessário inventar uma forma de me relacionar com eles. Felizmente, já houvera avanços na internet, e minha primeira decisão foi buscar quem construísse um site através do qual eu pudesse prestar contas e ouvir opiniões. Ao lado do mandato que começava, nascia sua réplica no mundo virtual, documentando seus principais movimentos.

Levei quase uma década para conhecer melhor Brasília. Cidade sem esquinas, becos, vielas ou ruas sem saída, não tinha o tumulto das metrópoles. Qual a diferença entre morar no norte ou no sul? O que difere uma quadra residencial de outra? Por que uma divisão tão nítida entre casas e comércio? Haveria um setor comercial específico para se comprar um cortador de unhas ou um porta-retratos?

A um artigo que escrevi sobre o aniversário da cidade, dei este título: "A vida foi mais forte". Havia um plano, era inegável. Mas a realidade envolveu o plano e, aos poucos, foi se revelando no próprio interior dele. O texto procurava indicar as coisas que estavam ali mas não estavam no plano, como a barraca de costura onde mulheres pregavam botões e remendavam roupas.

Eu a frequentava, porque ela ficava diante do restaurante natural onde costumava almoçar. O restaurante também não deveria estar ali, porque aquela era uma quadra residencial. A comida era servida no apartamento que pertencia a Vera. Ao levar meus ternos para uma pequena costura e almoçar em seguida, vivia, numa certa dimensão, fora do plano.

Além disso, lembro-me de duas visitas que me revelaram outra Brasília. A primeira delas foi ao Vale do Amanhecer, uma área próxima a Planaltina ocupada por religiosos do grupo União Espiritualista Seta Branca. O Vale com suas pirâmides e gente vestida de longas batas parecia um set de filmagem empobrecido, como em versões em preto e branco da vida de Cristo.

Uma diferença: ali a paisagem era em tecnicolor. Quando visitei o lugar, já havia morrido a fundadora da seita, a clarividente Tia Neiva. Sua explicação do mundo é tão estranha como as construções e o figurino do Vale do Amanhecer. Segundo ela, a Terra foi colonizada, há milhares de anos, por habitantes de um planeta chamado Capela. Tinham dons especiais, mas acabaram se miscigenando com os terráqueos e perderam seus poderes. Há uma longa sucessão de acontecimentos, novas tentativas de colonização da Terra, dessa vez por outros extraterrenos, os tumuchys, que teriam se instalado na ilha de Páscoa.

Finalmente, os capelinos conseguem voltar ao nosso planeta, depois de ficarem cem anos à espreita no espaço. Escolhem a cidade de Abóbora, na Bahia, e se encarnam em escravos e feitores. Pretos velhos, Pai João, Pai José Pedro e Natacham, encarnado em Tia Neiva, criam a doutrina que produz curas físicas e materiais. Eram necessários tempo, paciência e rigor antropológico para explicar tudo aquilo. Limitei-me a tirar algumas fotos.

Outro lugar que me atraiu foi a Feira do Paraguai. "Lá tem de tudo", diziam. Isso respondia à minha curiosidade: onde comprar certas coisas imprevisíveis numa cidade tão rigorosamente planejada? A Feira do Paraguai me parecia uma válvula de segurança do plano.

Não procurei tudo na Feira do Paraguai. Conheci um senador que a visitava apenas para comprar relógios falsificados. Ele tinha uma coleção bastante grande, que, calculada no valor das marcas famosas imitadas, corresponderia a uma fortuna. Divertia-se com isso e cada vez enchia mais suas gavetas de relógios de pulso, num tempo em que estes podiam ser dispensados, com a febre dos telefones celulares.

Eu frequentava as barracas de comerciantes palestinos, especializados em câmeras fotográficas. Pedia para ver as máquinas, comparava preços, calculava o tempo para importar um novo lançamento, mas não comprava nada. A simples conversa me agradava, e eles sempre foram gentis, prometendo trazer num tempo recorde o que eu quisesse. Queria apenas vê-los trabalhar, trocar algumas palavras e seguir adiante.

A adaptação a Brasília era secundária. O mandato começara, e era preciso fazer escolhas entre os diferentes temas na agenda e tentar incluir nela os tópicos que dependiam mais do meu próprio esforço. Fixei-me, como indicam as anotações da época, no Sivam, Sistema de Vigilância da Amazônia.

O projeto tinha custado 1,4 bilhão de dólares e fora tema de uma luta nos bastidores entre franceses e americanos que disputavam entre si para vender os equipamentos. A Guerra Fria já estava esgotada e os serviços de inteligência das grandes nações se voltavam muito para os negócios, como força auxiliar das empresas relevantes de seus países.

Os americanos venceram, com a Raytheon Company. Os primeiros debates não questionavam a racionalidade do projeto. Além de dar proteção à Amazônia, ele era um instrumento importante para o estudo da biodiversidade e pretendia combinar dados de satélites e de colaboradores em terra, que para tanto receberiam algumas centenas de laptops.

Os primeiros debates questionavam os caminhos pelos quais o projeto fora comprado. Eu era um deputado de oposição e a ênfase, naquele momento, era apurar as denúncias de corrupção e os boatos que giravam em torno do Sivam. Encontramos algumas irregularidades, e o presidente Fernando Henrique nos recebeu, a mim e a Arlindo Chinaglia, também do PT, prometendo apurá-las e corrigi-las.

Olhando para trás, constato que nossas dúvidas morreram de inanição. Nunca se revelou se era verdadeira a denúncia do Parlamento Europeu de que a Raytheon, a empresa americana, teria usado a CIA para conquistar o projeto. Não ficou claro se o Brasil poderia produzir o equipamento ou participar secundariamente do projeto. Nem se esclareceu o papel do Sivam na proteção das florestas, pois o monitoramento por satélites já era feito pelo Inpe, Instituto Nacional de Pesquisas Espaciais.

Mais tarde, quando visitei o projeto Sivam, meu ângulo já tinha mudado. O equipamento estava ali, computadores potentes, radares. Mas o rendimento ainda era pequeno. Uma vez que o dinheiro havia sido gasto e as tarefas continuavam sendo importantes, por que não fazer o projeto funcionar inteiramente? Era curioso começar combatendo a instalação de um projeto e terminar desolado porque ele não fora implementado a pleno vapor.

Dentro do projeto inicial, estava previsto envolver a sociedade, integrar cientistas e criar também um sistema de proteção à Amazônia que transcendesse a vigilância. Mais tarde, outra potencialidade se tornou clara para mim. As informações que o Sivam poderia captar sobre a floresta interessavam a todos os países amazônicos, mas só o Brasil era capaz de produzi-las. Por que não utilizar esse novo instrumento como um trunfo diplomático, compartilhando a informação, através de acordos bilaterais?

Único deputado verde, minhas relações com o governo, apesar das discordâncias, eram cordiais. Luis Eduardo Magalhães me oferecia a palavra no plenário, com uma frase irônica: "Tem um minuto para defender a posição de sua bancada". Às vezes eu respondia com a mesma ironia: "Como sou uma pessoa dividida, vou liberar a bancada para votar como quiser".

Tinha experiência em viver com desconhecidos, em lugares com os quais não estava familiarizado. A mais educativa de todas havia sido a passagem pelas cadeias nos tempos da ditadura militar.

A Câmara acolhe 513 deputados, uma legião de funcionários e cerca de 2 mil visitantes por dia. Muitas câmeras ao longo do caminho me davam a sensação de estar constantemente em cena. Posava com muita gente estranha, potencialmente comprometedora, e costumava brincar com os colegas: "Se levarem a sério todas essas fotos, serei condenado a cem anos de prisão".

A estrutura do edifício parecia a de um abrigo feito para guerra nuclear. Eu não tinha noção da passagem do tempo. Escurecia lá fora, e eu nem me dava conta. Às vezes chovia e era um problema para mim: sempre usei duas rodas para me deslocar. No princípio, uma bicicleta, quando morava no hotel Bonaparte. Mudei-me para um apartamento pequeno e a moto passou a ser mais adequada para o percurso.

As noites de Brasília lembravam algumas cidades europeias. Ruas vazias, luzes acesas: seria isso uma tendência? A impressão daqueles anos foi tão forte que num debate em São Paulo, onde a figura central era o filósofo alemão Peter Sloterdijk, cheguei a afirmar que no futuro as ruas noturnas seriam apenas dos entregadores de pizza.

No meu percurso de bicicleta até o hotel encontrava prostitutas na base de uma colina. Juntamente com as travestis, faziam um certo cerco à região dos hotéis. Eu escrevia crônicas elogiando sua disposição de manter a cidade viva. Numa delas, pensei em propor que se escrevesse um manual para ensinar prefeitos do interior a distinguir entre travestis e prostitutas na hora de combinar uma transa, recomendando especial atenção ao pomo de adão. Mais tarde percebi que iria privá-los de divertidas surpresas em sua visita à capital.

Uma capital costuma ser sempre discreta. As pessoas procuram se vestir sobriamente, de modo a chamar o mínimo de atenção, já que querem ser vistas com o máximo de seriedade. No entanto, um personagem destoava disso tudo no Congresso. Era uma travesti que trabalhava como assessora parlamentar e que, por quase todos que a viam superficialmente, era considerada uma bela, volumosa e curvilínea loura. Conversávamos muito, seu domínio dos trâmites parlamentares era total. Sempre me avisava sobre o rumo dos meus projetos e era a primeira a me comunicar quando um deles tinha sido aprovado em comissões. Enfim, sabia tudo do ramo. Era neta de um senador que a levou bem jovem, ainda um menino, para trabalhar em Brasília.

Quando o avô morreu, o jovem começou a se transformar, e ao cabo de 32 cirurgias plásticas ela se sentiu segura para vestir uma saia apertada, sapatos altos e sair pelos corredores. Era muito cortejada. Não chegou a fazer a operação definitiva, pois, ao que parece, sentia-se confortável com o pênis. Disse que os políticos com quem tinha transado sempre se recusavam a olhar aquilo, fingindo que não estava ali, que não existia. Nunca mais a vi, mas um dia ainda vou encontrá-la para colher suas confissões.

***

Vitórias e derrotas me esperavam. É do jogo. O mais importante era observar as regras de convivência. Havia alguns casos em que a rejeição mútua impunha uma distância natural. Como na cadeia, onde não importa muito o passado de cada um, ali também não importava número de votos, exposição na imprensa. Pesava bastante o momento presente, olho no olho.

Apesar das divergências, havia certa cordialidade. Todos os anos, no dia do meu aniversário, fui acordado pelo deputado Paulo Maluf, procurado pela Interpol, desejando felicidades. E pensar que desejei a cadeia para ele durante muitos anos. Nada de mais nisso. Outros desejavam a cadeia para mim. Jair Bolsonaro, que expressava a posição de alguns setores militares, várias vezes foi à tribuna afirmar que eu deveria estar preso, por causa do sequestro do embaixador norte-americano.

Um dia, eu o abordei no corredor e propus que ele me avisasse com alguma antecedência sempre que fosse pedir minha prisão: eles poderiam levar a sério, e eu precisaria de um tempo para escapar. Ele nunca mais tocou no assunto.

As relações pessoais eram fáceis diante da complexidade dos problemas que enfrentaríamos. O primeiro momento de grande tensão foi quando decidi defender a privatização das telefônicas. Era um confronto com a esquerda, uma divergência interna que vinha à luz. Eu estava tranquilo, pois tinha visto, com meus olhos, nos países bálticos, após a queda do império soviético, como eram atrasadas as comunicações nas nações socialistas.

Ao mesmo tempo, aqui no Brasil já se sentia o avanço dos pagers, que mostravam ser uma ferramenta essencial, sobretudo para os trabalhadores freelancers, prestadores de serviços. Eu via as prostitutas de Manaus usando pager e achava que havia algo irreversível no ar.

Para mim, a posição progressista era privatizar as telecomunicações. Mas o campo em que me situava pensava o contrário. Não era uma situação cômoda, considerando-se os elos afetivos que nos atavam. Na comissão que discutia o tema, eu fazia discursos; criei a imagem dos sem-telefone, uma alusão aos sem-terra, para enfatizar o caráter democrático da decisão.

Olhava para o lado e via Roberto Campos, considerado por muitos anos o homem dos americanos — o Bob Fields, como o chamavam —, defender as mesmas teses. Não faltavam argumentos aos defensores da telefonia estatizada. Desde a visão ideológica de manter com o Estado um serviço estratégico, até o medo de que os preços dos telefones em mãos privadas fossem altos a ponto de excluir os mais pobres.

Quando a tese de privatização venceu em plenário, nem comemorei, tal a tristeza que havia entre os aliados. Uma deputada de esquerda enrolou-se na bandeira brasileira, como costumava fazer nas grandes votações. A revolução tecnológica em marcha envolvia nossas decisões políticas, mas muitos a sentiram como um retrocesso, porque o Estado perdia o controle de um setor fundamental.

Era a visão ideológica da supremacia do Estado, que já não tinha pernas para acompanhar o ritmo das pesquisas tecnológicas nem fôlego para os investimentos que demandavam. Havia, entretanto, um importante ponto em comum: entregue a si próprio, o mercado não chegaria às regiões mais pobres. Isso garantiu a votação de um fundo destinado a assegurar a extensão do serviço para áreas mais distantes do país.

No avião de volta para o Rio, senti as primeiras consequências de minha posição sobre a quebra do monopólio estatal nas telecomunicações. Uma mulher de meia-idade, possivelmente professora ou socióloga, passou no corredor, olhou para mim e disse em voz alta: "Traidor". Mergulhei resignadamente na leitura de um livro.

Fiz muitos discursos sobre o momento histórico, escrevi artigos e tudo o mais. O mundo tinha dado voltas, caíra o Muro de Berlim, no entanto algumas ideias não desapareciam. Uma delas era a de que privatização significa retrocesso. A outra, a de que privatizar significa, necessariamente, um progresso. Os dogmas estavam mortos para mim e eu tentava me esquivar deles nos dois flancos, esquerdo e direito. Nada era infalível, nem Estado nem mercado.

A privatização das telefônicas foi um grande momento nacional. Ocupou um instante da atenção popular, mas foi logo esquecido. Eu ainda iria conviver com os efeitos da minha decisão. Num Congresso do PT, quando anunciaram meu nome, houve algumas vaias e alguém gritou: "Cadê meu telefone celular?". Mal sabiam eles que seriam inundados pelos celulares e alguns anos depois carregariam mais de um no bolso de seus casacos. O episódio estava encerrado, e deixou claro que eu não votava religiosamente com os aliados.

Mesmo no governo Fernando Henrique, havia interesse maior nos resultados pragmáticos do mandato. No fundo, era também uma escolha ética. Ao chegar ao Congresso, o deputado depende das emendas parlamentares ao Orçamento. Com elas, viabiliza a construção de escolas, quadras polivalentes, pontes e estradas. Enfim, com elas, mostra trabalho na região de origem.

Teoricamente, as emendas deveriam ser honradas pelo governo, viessem ou não de um deputado simpático às teses oficiais. Na prática, ser de oposição, entretanto, traz o risco de não ver as emendas atendidas. É o primeiro grande dilema: votar com a consciência ou arriscar-se a ser visto como uma nulidade pelas regiões que o elegeram?

Deputado de opinião, como costumavam classificar um pequeno grupo parlamentar, jamais dependi disso. Mas havia outras escolhas sutis, na verdade todas pequenas armadilhas.

A Câmara pagava uma quantia para hospedagem em Brasília. Era possível usá-la para alugar um espaço, ou mesmo comprá-lo. Nesse caso, o dinheiro destinado aos aluguéis era usado para pagar as prestações do imóvel adquirido. A quem pertence o apartamento comprado nessas circunstâncias? Ao país, é a resposta certa. Nem todos pensavam assim. As regras eram gelatinosas e o dinheiro seria gasto em qualquer hipótese, argumentavam.

No período inicial, eu lia, nadava e escrevia crônicas na *Folha de S.Paulo*. Nelas eu expressava certo desencanto com as elites nacionais e uma simpatia pela esquadra de prostitutas e travestis que cercavam a quadra dos hotéis. Lembro-me de algumas que faziam ponto na subida da colina que eu tinha de vencer para chegar ao Bonaparte. "Força, deputado", gritavam, quando começava a parte mais dura do percurso.

Eram frequentes escândalos com lobistas. Surgiam agendas mencionando parlamentares, discursos indignados e uma recomendação: aprovar o velho projeto do senador Marco Maciel, que regulamentava a atividade dos lobistas. Ele se aposentou sem ver seu projeto sancionado.

Na primeira etapa do mandato, no governo Fernando Henrique, dediquei-me a dois projetos como se fossem meus, mas na verdade eles eram resultado de uma formulação coletiva. Um deles, o Sistema Nacional de Unidades de Conservação, conhecido como SNUC, tratava do pedaço do Brasil que iríamos escolher para a preservação. O objetivo final era ter 5% do território nacional protegido. Essa proteção se faria criando-se parques nacionais, áreas de proteção ambiental, estação ecológica, monumentos naturais. Percorri o país ouvindo opiniões e consegui concluir o trabalho, definindo as unidades de conservação e anunciando as diversas normas que passariam a regê-las.

A discussão foi muito rica porque debatíamos não apenas os critérios para definir uma área de proteção, mas também que tipo de unidade de conservação seria aberta ao público, que tipo de unidade seria destinada exclusivamente ao estudo de cientistas. Além disso, abordávamos a situação das chamadas populações tradicionais, caiçaras, quilombolas, que às vezes eram surpreendidas ao constatar que seu pequeno pedaço de terra estava dentro de um parque nacional, criado sem que elas tomassem conhecimento disso.

O outro projeto, também de formulação coletiva, inclusive mais ampla, foi o Protocolo de Kyoto, assinado pela diplomacia brasileira mas que precisava ser ratificado no Congresso. Procurei de todas as maneiras explicar do que se tratava a todos que tinham alguma dúvida sobre a matéria. A votação foi possível numa quinta-feira em que havia pouca gente no plenário e nenhum ânimo para discussão, já que às quintas o interesse maior é pelo horário dos voos de volta às bases. Um projeto complexo, amplamente discutido nas comissões, Kyoto passou sem grandes embates. Não havia cínicos em relação ao aquecimento, nem apocalípticos anunciando o fim do mundo. Apenas gente preocupada com o horário do avião.

O Protocolo de Kyoto previa que os países mais ricos reduziriam suas emissões de gases de efeito estufa, baixando-as ao nível das emissões de 1990 num período que se esgotaria em 2012. Os países emergentes como o Brasil ficavam de fora das reduções obrigatórias, com cotas definidas. Isso tornava o Protocolo bastante leve para uma aprovação consensual.

Nenhuma repercussão nos jornais, e Fernando Henrique nem foi informado da decisão, tal a rapidez da manobra. Ele viajaria para a África do Sul exatamente para uma conferência internacional sobre meio ambiente. O presidente do Brasil pôde viajar com uma boa notícia: o país tinha completado as etapas necessárias para se tornar um signatário do Protocolo de Kyoto. Participei da viagem e em Joanesburgo tive, com alguns outros, a oportunidade de conhecer Nelson Mandela e vê-lo discursando ao lado de Fernando Henrique.

Isso foi em 2002, um ano decisivo na história do país. Lula venceria as eleições presidenciais e uma nova etapa histórica começaria no Brasil. O sonho de muitos de nós se concretizava.

Quando Lula venceu, fui eleito deputado pela terceira vez. Tinha mais experiência, e ainda mantinha as esperanças. Apoiara a candidatura do novo presidente em 1994 e 1998. Cheguei a entrar no Partido dos Trabalhadores porque o PV hesitava e parecia não compreender, naquele momento, que se jogava a cartada decisiva no período pós-democratização.

O núcleo dirigente do PT tinha uma história em comum. Construiu o partido com dificuldade, fez centenas de reuniões, sacrificou relações familiares, enterrou belos fins de semana na vala da necessária preparação histórica. Era natural que fosse um pouco frio com recém-chegados e fizesse uma distinção entre eles e os quadros tradicionais.

Instintivamente, eu sentia isso depois da vitória. Senti mesmo antes dela, no velório de Celso Daniel, prefeito de Santo André, que foi o primeiro coordenador do programa de governo para a hipótese de vitória de Lula. Fui tratado como um visitante. Com o faro de repórter policial, dei algumas sugestões para a apuração do crime e saí de cena delicadamente.

Não estava em busca de amigos íntimos. Na minha perspectiva, participava de uma grande experiência histórica e isso já era uma recompensa. Ampla o suficiente para nos alegrar, a luta política, no entanto, sempre foi um espaço em que se vivem relações em vários níveis de proximidade. O importante era combinar esforços.

14.

Sartre dizia que os intelectuais deviam se prestar às tarefas mais humildes. Ele vendia o jornal maoísta *La Cause du peuple* nas ruas de Paris, nos anos 1970. Essa inspiração ainda me guiava quando fui ao hotel de São Paulo onde se comemorava a vitória da eleição de Lula. Estava disposto a fazer traduções, a ajudar a explicar as intenções dos vencedores aos diplomatas e correspondentes estrangeiros.

Jamais me ocorreu ocupar espaço no governo, e chegaram a dar uma senha para que os deputados do PT indicassem nomes para quadros de confiança. Não me lembro nem de tê-la anotado. Minha resistência não se devia apenas ao desinteresse por indicar cargos no governo: era algo mais romântico, uma certa antecipação aos transtornos de quase todo movimento que chega ao poder. As arestas entre a política real que o governo aplicava e as ideias compartilhadas na campanha já começavam a incomodar, ainda que inconscientemente.

Permaneci seis meses na base do governo. Nesse período jamais me encontrei com Lula, exceto no dia em que ele visitou o

Congresso na condição de presidente. Ele me cumprimentou, como fez com todos os outros, e se dirigiu à mesa que fica num plano superior ao do plenário. Não imaginava que o veria pela penúltima vez, depois de tantas batalhas eleitorais e políticas.

Eles intuíram bem, mantendo certa distância que se somava às minhas reservas em relação à forma de governar. Eu não era um deles no sentido de compartilhar o poder. E potencialmente iria aborrecê-los com as cobranças de campanha, sobretudo na questão ambiental. Era previsível que a corda se rompesse por ali. Havia uma proximidade entre a esquerda brasileira e a concepção do socialismo real. O crescimento econômico, assim como a melhoria das condições materiais do povo, era o valor decisivo. Quem conhecera os países socialistas e vira o rastro de destruição que esse tipo de crescimento insustentável deixara atrás de si duvidava de sua perspectiva unilateral. O desastre da usina nuclear de Chernobyl passou um pouco ao largo na esquerda brasileira. Não se discutiu o controle autoritário das informações, muito menos o estado deplorável das usinas nucleares do Leste, que se tornaram um sobressalto para toda a Europa. Em termos ambientais, o socialismo realmente existente foi um fracasso retumbante. Mas o equívoco que o fundamentou ainda sobrevivia nos ares tropicais.

O caso dos alimentos transgênicos abalou minha confiança no governo. Eu era contra sua entrada no país, baseando-me no princípio de precaução. Tinha experiência política para saber que essa posição minoritária não iria se impor no Brasil. Reduzia minha expectativa à criação de regras claras para que, em caso de introdução dos transgênicos, houvesse rigorosa segurança.

As sementes transgênicas da Monsanto foram contrabandeadas da Argentina para o sul do Brasil. Sob pressão dos produtores, o governo Lula as legalizou. O modelo que utilizei nos meus argumentos foi o do Canadá. Ali, instaurava-se um período de testes e só no final dele o governo licenciava a plantação. Qualquer tentativa de fazê-lo à margem desses trâmites legais era punida com pesadas multas e destruição das sementes.

Antes mesmo de elaborar suas próprias normas, o governo brasileiro aceitava os transgênicos como um fato consumado. Pessoalmente, não me lembro de ter enfocado os perigos para a saúde, nem de ter usado nenhum argumento dramático.

Minha posição era a de que o Brasil tem espaço suficiente para todo tipo de produção agrícola: convencional, que usa fertilizantes químicos, orgânica e transgênica. Das três, a transgênica era a única modalidade que invadia o espaço dos outros, caso não houvesse regras claras para a licença de plantação, transporte e armazenamento.

Do ponto de vista do mandato parlamentar, era um dos grandes temas. Perder a batalha para uma maioria responsável não significava um drama. O problema era a maneira como o tema foi tratado. O governo Lula legalizou os transgênicos clandestinos, mas não encarou a questão de frente. A decisão sobre o que fazer com os transgênicos foi tomada na ausência de Lula, que estava em Cuba, numa dessas viagens nostálgicas, uma visita sentimental ao mito revolucionário, que jamais foi questionado. Diziam os jornais que eles cantaram canções dos anos 1960 e estavam emocionados.

O tema foi entregue ao vice-presidente José Alencar, que entendia pouco disso. Muito gentil e caloroso, Alencar, que vinha do ramo têxtil, tateava em busca de uma saída negociada. Os transgênicos clandestinos finalmente foram aceitos. Só com o tempo se criou uma estrutura permanente para licenciá-los. Como muitas outras atividades no Brasil, a fiscalização do transporte e armazenamento dos cereais transgênicos nunca foi muito forte.

Fiquei abalado não apenas com a derrota, mas também com a maneira como os aliados históricos, para nomeá-los de uma forma altissonante, encaravam algo tão importante para o futuro da produção de alimentos no Brasil.

Outro tema ambiental abalou minha confiança nas intenções do governo: a importação de pneus usados, contra a qual eu lutara ao longo dos meus dois primeiros mandatos. Eles acabam mais rápido, são jogados no ambiente e contribuem para a proliferação do mosquito da dengue. Pois bem: havia uma forte pressão dos importadores que tinham grande influência na bancada do Paraná. De repente, no governo que eu ajudara a eleger, os pneus usados entrariam livremente no país.

Não era tema para um confronto aberto, já que o governo não disse que estava permitindo a entrada dos usados. Apenas se defendeu mediocremente num tribunal arbitral do Mercosul, possibilitando que os pneus usados chegassem ao país, desde que viessem do Uruguai ou do Paraguai.

Durante muito tempo questionei o Itamaraty, pois ficou claro que o Brasil fez corpo mole. Uma delegação de operários do Uruguai me visitou no Rio para enfatizar o absurdo da medida: ela levaria ao fechamento da única fábrica uruguaia de pneus novos, e eles perderiam o emprego. A fábrica de pneus novos vendia principalmente para o Brasil. Dali em diante, o Uruguai seria um entreposto dos pneus usados europeus na rota do consumo brasileiro.

Essa decepção com os parceiros foi de outra ordem. Em conversa com os lobistas dos pneus usados, inferi que haviam contribuído com a campanha presidencial e mantinham um contato direto com a Casa Civil. A única maneira que eu tinha de interpretar a virada era supor que se tratava de um compromisso de campanha. Jamais investiguei o tema a fundo. Os dados disponíveis eram insuficientes para uma denúncia pública, mas me afastavam mais ainda do governo.

Era hora de sair. Não conseguiria dormir direito. A solidão parlamentar não me assustava, pois sabia como sobreviver nela. No entanto, era uma decisão difícil, como saltar do bonde da história. Tantos anos de luta numa trincheira, e agora teria de abandoná-la. Não estaria sendo muito severo? Tinha esgotado realmente todas as possibilidades de um reencontro?

Existe um componente nessas decisões que não se deixa tanto traduzir em argumentos. Tudo corria de forma diferente do que eu imaginara. A atmosfera era de acomodação no poder, a maioria dos quadros parecia orientar a carreira na obediência ao partido. Ideias divergentes eram incômodas; criatividade, uma dimensão supérflua.

Lembro-me de uma reunião de bancada em que ainda tentava defender os rumos do governo. Um deputado chamado Babá, que mais tarde iria para a oposição, divulgou um vídeo em que Lula desancava o ex-presidente Sarney, para mostrar a incoerência da aproximação política dos dois. Condenei a iniciativa de Babá. Era preciso proteger Lula, pois a imagem dele era vital para avalizar a mudança histórica. Eu ainda estava preso ao raciocínio das campanhas eleitorais, quando Lula dizia algumas bobagens e estigmatizávamos os críticos afirmando que tinham preconceito contra um trabalhador com pouca educação formal.

O prestígio de Lula, à parte suas inegáveis qualidades, era também uma construção coletiva. Por caminhos diferentes, porém, tanto a extrema esquerda do partido, encarnada ali por Babá, quanto eu rumávamos para o rompimento com o governo e com todo o projeto de mudança que acalentamos. Não temia o futuro no Parlamento, porque a solidão era preferível a uma bancada em que a obediência era o fator central, o dínamo de todas as carreiras.

Na década de 1930, ao voltar da Rússia, André Gide escreveu um livro em que afirmou que a obediência era tudo o que o partido exigia dos artistas, era a moeda de troca para todas as compensações que o poder oferecia. Muitos outros exemplos históricos de rompimento com os partidos comunistas enfatizaram a obediência e a consequente perda de criatividade que provocava. Não me sentia, entretanto, diante de um partido comunista do passado, com disciplina de ferro e centralismo democrático.

Era possível expor minhas críticas. Só que elas não tinham nenhum peso diante dos cérebros concentrados em manter o poder, estender seus tentáculos pela máquina, atrair aliados das mais diferentes origens e com os mais diferentes métodos. Havia alguma semelhança com os partidos comunistas históricos, sem dúvida, mas o clima era de ascensão social, deslumbramento. "Saltar fora, eis o caminho", pensei. Decidi fazê-lo com um discurso na tribuna da Câmara.

Antes disso, houve algumas tentativas de me demover da ideia. A última foi uma reunião no Planalto, com José Dirceu, chefe da Casa Civil. Estávamos Marina Silva, ministra do Meio Ambiente, José Genoino, presidente do PT, Carlos Minc, deputado estadual no Rio, João Alfredo, da ala ecológica, e eu.

José Dirceu anunciou que iria rapidamente ao Congresso e nos deixou esperando. Os minutos se passavam e eu percebia o absurdo de estar ali, esperando José Dirceu voltar. Aproveitei para sair do Palácio sozinho, simbolizando o rompimento com o governo e com tudo aquilo que me angustiava.

"Sonhei o sonho errado", disse no discurso de despedida, alguns dias depois da espera no Palácio do Planalto. O projeto de transformação do Brasil não caminhava em sintonia com as promessas. Não havia a sensibilidade mínima para o meio ambiente, muito menos para as mudanças no comportamento político no país. Naquele momento, a economia não crescia tanto, nem se sentiam com clareza os efeitos da distribuição de renda, que já eram registrados no final do governo Fernando Henrique. Mas a decisão seria a mesma. Eu não via o crescimento econômico como único valor, nem as melhorias materiais como causa única.

Quase dois anos depois de minha saída, cruzei algumas vezes

com José Dirceu nos corredores do Congresso. Ele vivia seu inferno astral. Deixara o governo para se defender no mais rumoroso escândalo do governo Lula: o mensalão.

No começo de 2005, circulavam boatos de compras de votos. Mas não havia nada de concreto. Muitos rumores ali não passavam de intrigas. Em maio, apareceu o vídeo de um funcionário dos Correios, Maurício Marinha, recebendo dinheiro das mãos de um lobista. Pensei que fosse comprometer apenas o partido que o indicara, o PTB. Sentindo-se atingido pela manobra, o próprio presidente do PTB, Roberto Jefferson, denunciou a existência do mensalão, um suborno mensal destinado a pagar a fidelidade dos deputados ao governo.

O tema dominou rapidamente o período. O termo "mensalão" tinha tudo para se tornar popular. O aumentativo é muito presente nos nomes de estádios de futebol, em anúncios de lojas populares. E as características do escândalo, a compra de votos, eram forte argumento para uma CPI. Senti que estávamos entrando num desses momentos wagnerianos que enchem os corredores de repórteres, fios, luzes e câmeras. Mesmo sem ter sido indicado para ela, acompanhei as sessões da CPI. Foram mostradas ao vivo pela TV e tiveram um grande impacto. Os espectadores analisavam reações, diálogos. Já estava no fim o período em que se acompanhava tudo pelos jornais: a CPI em horário real oferecia mais que o "declarou fulano" dos textos jornalísticos — contrações faciais, lágrimas, mentiras mal contadas, irritação.

Surgiam os primeiros blogs no universo político. Mesmo as sombras que se moviam na penumbra do apartamento de Roberto Jefferson, um dos nomes do escândalo, eram descritas na internet, no blog O Vizinho de Jefferson.

O impacto maior das denúncias caiu em cima de José Dirceu, que agora perambulava pelos corredores porque tinha sido destronado da chefia da Casa Civil e lutava para não perder o mandato.

De repente, ele havia se tornado o símbolo da política de alianças do governo, baseada na troca de dinheiro por apoio. Mesmo condenando todo o processo, jamais o demonizei. Era o homem que fazia andar a máquina partidária e a do governo.

As campanhas políticas ficaram mais caras. Era necessário muito dinheiro para, pelo menos, competir. Esse dinheiro apareceu em 2002. Vencer uma campanha presidencial e articular uma aliança com políticos tradicionais em escala nacional era tarefa inédita para o PT. O mensalão não foi um raio em céu azul, nem José Dirceu apenas um cérebro sinistro que envolveu a todos. Com todos os prodígios acontecendo, era esperado que o desejo de obediência fosse exportado para outros partidos, com outros métodos, bem mais pragmáticos que a fidelidade ideológica: dinheiro vivo.

"O mundo fez de mim uma puta, farei do mundo um prostíbulo" — a frase da velha milionária, personagem de Friedrich Dürrenmatt, definia os passos do partido no poder. Dirceu comandava um processo coletivo, embora quisesse reter tudo em suas mãos. Criou mais de uma centena de grupos de trabalho, e cheguei a escrever que, como Tio Patinhas, ele tinha a piscina cheia, não de moedas, mas de relatórios.

Naquela altura, quando estourou o escândalo do mensalão, outros temas me entristeciam, tanto que os mencionei também num discurso contra a atuação de José Dirceu à frente da Casa Civil: o governo não reagia ao desmatamento da Amazônia e tinha culpa na morte das crianças guaranis-caiuás em Dourados.

Esse último episódio ficou engasgado na minha garganta. Participei de uma comissão que foi investigar uma sequência de mortes de crianças na reserva guarani-caiuá de Dourados, e fiquei arrasado ao concluir que aquelas crianças morreram pela incompetência da equipe da Funasa responsável pela área indígena. O pior: os membros da equipe haviam sido escolhidos por critérios políticos, desalojando bons profissionais. Ainda em nossa investigação, surgiram evidências de mau uso do dinheiro, notas fiscais estranhas, indicações claras de que houvera uso eleitoral de recursos. Os grupos que prometiam mudar a vida política no Brasil, varrer os velhos e maus costumes, tinham capitulado.

Em termos jurídicos, o mensalão resultou num processo de 190 mil páginas e setenta volumes. Retive dele alguns episódios decisivos, como o depoimento do publicitário Duda Mendonça, que admitiu ter recebido alguns milhões de dólares do PT no exterior. Isso poderia ter resultado num processo de impeachment de Lula, algo que não prosperou na oposição e cujos resultados seriam imprevisíveis, em termos de reação popular: naquele momento o governo já era aprovado majoritariamente por suas ações sociais e pela própria personalidade de Lula.

Outro momento que me deixou de boca aberta foi o depoimento da ex-mulher do deputado Valdemar Costa Neto, líder do PR e aliado do governo. Maria Christina Mendes Caldeira revelou que seu ex-marido perdera 300 mil dólares numa só noitada de cassino. Eles estavam nadando em dinheiro. Mesmo antes do mensalão, a decadência da política brasileira já tinha entrado em outra fase. Essa constatação reorientou o meu trabalho. Sem grandes análises, a minha atuação, a partir daquele ano, já se concentrava em tornar a atmosfera minimamente respirável. Essa foi a tarefa mais difícil. Na cadeia, não me importava tanto com o que se passava ao redor. Mas ali no Congresso não somente precisava produzir alguma coisa, como também temia pelo próprio suicídio da instituição, dominada por uma maioria de fisiologistas querendo enriquecer.

O processo do mensalão resultou na cassação de três deputados: José Dirceu, Roberto Jefferson e Pedro Corrêa, este último um obscuro parlamentar marcado também por acusações anteriores. Quatro renunciaram espontaneamente, com o objetivo de voltar nas eleições seguintes, o que uma lei da época permitia. E, finalmente, sete foram absolvidos pelo Conselho de Ética.

Mas a engrenagem continuava em marcha. Ainda em 2005, foi eleito presidente da Câmara Severino Cavalcanti, oriundo do interior de Pernambuco e famoso por apoiar melhores salários e mais facilidades para os deputados. Severino era o rei do baixo clero, um grupo de deputados anônimos que se concentravam nas últimas filas do plenário e se dedicavam a buscar vantagens materiais. Eu tinha certeza de que sua eleição seria um desastre, mas ela foi, como tantos fatos históricos, uma espécie de marcha da estupidez, para a qual contribuíram governo e oposição.

Foi uma dura madrugada. O governo se dividiu entre dois candidatos: Luiz Eduardo Greenhalg e Virgílio Guimarães. A oposição apontou José Carlos Aleluia. Correndo por fora, Severino Cavalcanti foi ao segundo turno contra Greenhalg, e a oposição decidiu votar nele para derrotar o governo. Lembro que fiz todo o esforço para impedir esse movimento. Trabalhava no mesmo sentido um deputado do PSOL, Ivan Valente. Éramos ambos da oposição e víamos a eleição de Severino como um grande desastre. E ainda por cima sabíamos que seu primeiro gesto seria se alinhar ao governo.

Severino sonhava com cargos. Queria nomear um aliado na direção da Petrobras, num departamento cujo nome ele nem sabia direito. "Quero aquela diretoria que fura poços, a que dá mais dinheiro", dizia ele. Sua eleição era um péssimo sinal. A política desceria a um nível mais baixo, as preocupações se concentrariam em aumento de salários e benefícios dos deputados. Do ponto de vista dos fisiologistas, era uma espécie de liberação.

No seu comportamento fora da Câmara, Severino também comprometia a instituição. Tentou interceder por uma empresa de usineiros, acusada de manter trabalho escravo, cláusula que a excluía das compras do governo. E declarava sempre que possível sua simpatia a deputados acusados de escândalos de corrupção.

Eu simplesmente não sabia o que fazer diante daquele processo de decadência política que avançava a ponto de derrubar o que restava da reputação da Câmara. A presença de Severino na presidência ameaçava minha intenção de continuar trabalhando ali. E eu não estava sozinho. Um grupo de trinta deputados se reunia toda semana, buscando uma saída para evitar a derrocada. Quando o enfrentei em setembro no plenário, não o fiz tomado por uma coragem particularmente valorosa, mas por uma questão de sobrevivência institucional.

O plenário estava meio vazio, assumi o microfone e disse que a presença dele era uma vergonha para o país e que, se não ficasse calado, teríamos de derrubá-lo. Ele havia dado uma daquelas entrevistas tentando inocentar os acusados de corrupção e acabara de assumir a presidência naquela tarde. Um pouco surpreendido com o teor da fala, Severino hesitou uma fração de segundo e respondeu: "Recolha-se à sua insignificância". Quando a cena foi levada à televisão, o episódio repercutiu muito, porque derrubar Severino parecia ser o desejo de muita gente no país. Um funcionário do restaurante da Câmara viu na TV as cenas de nossa discussão e decidiu denunciar que Severino recebia mesada para manter a concessão da empresa. O defensor do mensalão passou a ser protagonista do mensalinho e caiu alguns dias depois.

Tudo isso aumentou minha popularidade. Creio que foi então que muita gente descobriu que eu era deputado federal e estava tentando fazer alguma coisa diferente. A partir dali, a tarefa de conferir à Câmara uma atmosfera respirável se tornaria um objetivo permanente, porque os ares continuavam venenosos e a demanda social por um Congresso decente crescia.

Foi o impulso obtido então que deu força para que um pequeno grupo de deputados conseguisse assinaturas e instalasse, em seguida, uma CPI para apurar a corrupção na saúde pública, a chamada CPI dos sanguessugas. O delito consistia na compra de ambulâncias a preços superfaturados, razão pela qual a história ficou conhecida como o escândalo das ambulâncias. Os deputados destinavam emendas orçamentárias à compra de ambulâncias, em comum acordo com uma empresa chamada Planam, que as superfaturava, deixando uma porcentagem para eles.

Trabalhei intensamente nessa CPI. Ela denunciou 57 parlamentares e a maioria deles foi derrotada nas urnas. Os trabalhos se estenderam aos ônibus superfaturados destinados ao que na época chamavam inclusão digital. Eles levavam aos bairros funcionários do governo para ensinar as pessoas a utilizar computadores. Um desses ônibus usados foi comprado por 700 mil reais. Além disso, o método era ineficaz, uma vez que os computadores eram escassos.

Essa ramificação dos trabalhos me rendeu um conflito com um partido de esquerda, o PSB. Foi deles a ideia dos ônibus de inclusão digital, porque naquela ocasião dirigiam o Ministério da Ciência e Tecnologia. Cumpri minha tarefa. Já não hesitava diante da tendência ideológica. Naquele tipo de luta, a distinção entre esquerda e direita não fazia nenhum sentido.

Estávamos muito próximos das eleições de 2006. Com a popularidade trazida pelo caso Severino Cavalcanti, acabei sendo o deputado mais votado naquele ano. Contribuiu também para os quase 300 mil votos que recebi uma reportagem de capa da revista *Veja*, elogiando minha atuação.

O período eleitoral foi marcado por um novo escândalo. Algumas pessoas ligadas ao PT foram presas pela Polícia Federal com mais de 1 milhão de reais, quantia com que pretendiam comprar um dossiê contra José Serra, que disputava a prefeitura de São Paulo com Aloizio Mercadante, candidato do PT.

O presidente Lula referiu-se aos participantes da trama como os aloprados. E o caso passou a ser conhecido por esse nome: o dossiê dos aloprados. O tema estava relacionado ao conteúdo da CPI. O dossiê tentava provar uma ligação de Serra com o escândalo das ambulâncias, que começaram a ser compradas quando ele era ministro da Saúde no governo FHC. Havia no dossiê apenas fotos em que ele, na condição de ministro, aparecia inaugurando o serviço das ambulâncias. Tudo isso aconteceu nas vésperas das eleições de 2006 e Lula ganhou seu segundo mandato. Competia a mim, iniciando os últimos quatro anos no Congresso, levar a investigação adiante. A CPI não estava concluída.

Comecei as audiências sem nenhuma esperança real de descobrir de onde viera aquele dinheiro. A cadeira dos depoentes estaria reservada, a partir daquele instante, aos quadros do PT. Eu conhecia apenas alguns pessoalmente. Todos me cumprimentavam com gentileza e até algum calor.

Corria um inquérito sobre o tema na Polícia Federal. Mas as investigações patinavam. A vitória de Lula indicava que a maioria da população apoiava seu governo, apesar da saraivada de denúncias a que fora exposto. Isso me levava a duas conclusões. A primeira era a de que a questão ética não era predominante na escolha nacional dos eleitores. O desenvolvimento econômico e as políticas sociais, assim como o carisma do próprio Lula, falavam mais alto. A segunda conclusão era a de que o PT não estava disposto a corrigir seu rumo, mas a sofisticá-lo. Com grande influência nos poderosos fundos de pensão, simpatizantes em muitos jornais e a confirmação do apoio popular, o governo tinha condições de manter a cortina de fumaça em torno do caso.

Trabalhei com seriedade, mas não cheguei a nenhuma conclusão nova, nada que pudesse lançar uma luz sobre a ação de um grupo preso com dinheiro vivo, numa tarefa clara de influenciar as eleições em São Paulo. A única consequência que fugiu ao controle deles, no entanto, foi eloquente: José Serra venceu as eleições.

O trabalho nessa etapa da CPI me valeu alguns desgastes. A

senadora Ideli Salvatti entrou com um processo no STF contra mim. Alegou danos à imagem pública porque eu questionara sua presença na CPI. Era amiga de um dos acusados e teria se reunido com alguns membros do grupo antes de o escândalo estourar. Meus processos morreram no STF. Já fora absolvido no episódio da importação de sementes de cânhamo. Não vingou também o processo do Partido Socialista.

O caso da importação de cânhamo da Hungria fora bastante rumoroso. Importei sementes de cânhamo, a mesma planta da maconha, só que com um baixo teor de THC. Não é droga, mas um produto econômico importante por sua versatilidade: pode ser usada na produção de cordas, camisetas, óleo, e tem centenas de outras utilidades. Havia descoberto o canal pela internet, e já estava me correspondendo com um técnico da Embrapa sobre a possibilidade de examinar a adaptação da planta ao Brasil. Iríamos pesquisar e, em caso de êxito, oferecê-la como uma alternativa econômica.

A Polícia Federal apreendeu as sementes. Algumas abordagens no rádio e na televisão insinuaram que era maconha. Como estava seguro de que tinha importado uma substância legal, esperei o laudo. As sementes foram enviadas aos Estados Unidos para exame e nunca retornaram. Falei com o presidente Fernando Henrique, disse que aquilo não era correto: uma vez apreendidas, as sementes deveriam ser submetidas à perícia, e então eu seria ou acusado ou absolvido.

Só um pouco mais tarde, já no governo Lula, o procurador-geral da República, Cláudio Fonteles, emitiu um parecer me inocentando. Fiquei grato à sua atenção, mas o estrago, se houve algum, já estava feito. Aproveitei aquele período de bombardeio e montei uma pequena exposição com produtos de cânhamo, que levei às ruas do Rio e de Salvador. Explicando diretamente, as pessoas entendiam a utilidade da planta.

Antes disso, fui processado apenas uma vez, como jornalista. Escrevi numa reportagem para a *Interview* que o governador Luiz Antonio Fleury, de São Paulo, era conhecido como bundão. Foi um processo relativamente público. Escrevi aquilo no contexto do massacre no presídio do Carandiru, que visitei após a invasão policial. Apurei o apelido entre antigos amigos do governador. Do ponto de vista político, aquele processo foi negativo para ele. O Sindicato dos Bancários fez uma campanha a meu favor e criou um button em que o rosto de Fleury era representado na forma de uma bunda. Nas escadarias do fórum aonde fui depor, espalharam tinta vermelha para lembrar a morte de mais de cem prisioneiros.

Fui defendido, gratuitamente, por Márcio Thomaz Bastos, que naquele momento já era um advogado famoso. Infelizmente, anos depois eu iria fazer duras perguntas a ele, quando foi depor na Câmara, como ministro da Justiça. Suspeitava-se de que, apesar de sua condição, tivesse dado conselhos jurídicos a outro ministro, metido numa enrascada. O ministro em apuros era Antonio Palocci, acusado de violar o sigilo bancário do caseiro Francenildo dos Santos Costa. A violação nasceu de uma denúncia a respeito da casa que Palocci mantinha em Brasília, a qual teria sido usada como espaço de festas para lobistas.

Foi muito difícil conciliar gratidão com o que parecia ser meu dever. Isso eu fiz, creio. Estava inseguro, no entanto, se conseguira transmitir com clareza que minha gratidão sobrevivia. São pedras no caminho de quem decide romper com o passado recente. Não havia ressentimento pessoal na minha saída do PT. Era apenas uma encruzilhada em que tomamos direções diferentes.

A única vez que vi Lula no seu segundo mandato foi na inauguração do hospital da Rede Sarah no Rio. Fui convidado porque sempre contribuí com o Sarah, por achar sua experiência muito importante para o Brasil — um hospital público com grande qualidade que atraía colaboradores internacionais.

Lula falou de várias coisas, mas insistiu num aspecto que me pareceu positivo: vencer os ressentimentos entre pessoas com visões distintas sobre o Brasil. Tanto que a única frase que eu disse diretamente a ele ao longo de todos os seus governos foi esta: "É boa a ideia de superar ressentimentos". Não se trata de pintar um quadro romântico da ação política. Há ressentimentos, mesquinharias, tramas e ódio. Estamos sujeitos a isso, e o único antídoto, além da confiança no próprio trabalho, é considerar que existe algo superior em jogo. Se perdemos a noção dos objetivos maiores, aí, sim, fertilizamos o campo do ressentimento.

Depois do caso dos aloprados, surgiu um novo escândalo. Dessa vez não atingia o PT diretamente, mas um dos seus aliados, Renan Calheiros, que presidia o Senado. Surgiu com a notícia de que lobistas pagavam uma pensão à amante de Calheiros, uma jovem jornalista com quem o senador tivera um filho. As reportagens que se sucederam à denúncia revelavam, a cada noite, a fortuna de Renan Calheiros. Seu gado era tangido de uma fazenda para outra para despistar a contagem do número de cabeças. Era patético ver aquilo tudo, especialmente as evidências de uma fortuna, inexplicável no caso de um político que vive de salário.

Teoricamente, eu não deveria me meter no assunto. Mas Calheiros era, como presidente do Senado, o presidente do Congresso. Iria presidir sessões em que o microfone estaria aberto, segundo as normas regimentais, para os deputados. O domínio do Senado estava nas mãos do PMDB. Seus dois grandes nomes eram José Sarney e Renan Calheiros. Procurei Sarney nos corredores e lhe disse que não aceitaríamos, o pequeno grupo de deputados de oposição, que Renan presidisse a sessão.

Legalmente era um disparate impedi-lo, pois Renan ainda não havia deixado seu cargo, nem fora julgado. Naquelas circunstâncias, o simples fato de haver um grupo de deputados questionando sua presença seria o bastante para tumultuar as sessões do

Congresso, que nunca mais iriam acontecer sob sua presidência. Calheiros procurou evitar o confronto.

O pequeno grupo de deputados queria ir mais longe. O espírito de corpo dos senadores decidiu que a sessão em que analisariam o caso de Renan Calheiros seria secreta. Resolvemos contestar também aquela decisão. Como deputados, tínhamos o direito de assistir à sessão.

Marchamos para o Senado pelos corredores e enfrentamos os seguranças que queriam nos impedir de entrar. O tumulto nos era favorável, pois dramatizava a necessidade do sigilo, o espírito de corpo que orientava a decisão. Houve choques, rápidas quedas, fios das emissoras de plantão a se embaralhar em nossas pernas, mas finalmente conseguimos entrar e assistir ao debate. Nossa presença significava que iríamos passar os dados para os jornalistas e não haveria segredo para a opinião pública.

A internet já havia iniciado sua arrancada triunfante. Eu mantinha um site desde 1994, e agora surgia a oportunidade de também fazer campanhas através dele. Uma delas, pedindo a queda de Calheiros, se intitulava "Se Entrega, Corisco". Era uma alusão à trilha sonora de um filme de Glauber no momento em que um dos cangaceiros que aterrorizavam o sertão nordestino estava para ser preso. "Eu não me entrego não/ me entrego só na morte/ de parabélum na mão", diziam outros versos da canção. Calheiros não foi tão radical. Resistiu até quando pôde, deixou a presidência em 2007, mas manteve o cargo de senador.

Ele passou por uma das maiores pressões de opinião pública. Às vezes, cercado pelos repórteres, parecia um pouco combalido na TV. Mas foi duro na queda e manteve um sorriso profissional para todos os colegas. Jamais deixou de me cumprimentar nos corredores, ainda que eu o tenha submetido a situações constrangedoras. Quando presidia uma sessão e hesitava em aceitar a CPI dos sanguessugas, afirmei que sua hesitação se devia ao fato de ele ser um dos grandes nomes do PMDB, partido que estava por trás dos escândalos de corrupção na saúde pública. Sempre achei que esse é um tipo de corrupção que pede dureza no combate, porque mata muita gente no Brasil. "Começaram com os vampiros", eu disse, aludindo a um escândalo no comércio de sangue, "passaram para os sanguessugas; o que farão agora, tráfico de órgãos?"

O episódio Renan Calheiros foi um dos últimos nos quais foi possível resistir com alguma eficácia. Antes disso, um pequeno grupo de deputados — Raul Jungmann, Chico Alencar, Carlos Sampaio, Luiza Erundina e eu — anulou na Justiça um aumento de salários que Renan e os líderes aprovaram. Foi uma vitória fulminante, pois entramos com uma ação sabendo que eles não teriam condições de resistir à pressão popular.

Mas os tempos estavam mudando. Nosso pequeno grupo iria se dissolver por falta de novas conquistas. O campo adversário estava mais estruturado. O próprio Conselho de Ética foi remanejado. As rodas da engrenagem foram reajustadas para blindar deputados e senadores contra muitas denúncias que viriam.

Mesmo com o apoio da opinião pública, tornou-se impossível concentrar-se na dimensão ética, diante do que parecia o domínio total do fisiologismo. Parcialmente, impunha-se o projeto de Severino Cavalcanti de reduzir a atuação dos deputados aos interesses imediatos, uma das características essenciais do fisiologismo. O sistema de cooptação dispensava agora os lances caricatos de Severino.

15.

Para além do meu interesse pelas questões do meio ambiente, grande parte de minha energia parlamentar era voltada à política externa. É um espaço que não aparece, não dá votos, mas sempre me interessou. Havia bons temas para o debate, que estimulavam a pesquisa e demandavam uma atenção permanente ao que se passava no mundo.

Pela Câmara, fiz apenas duas viagens internacionais, ambas para o Haiti, que, mesmo antes do terremoto, não era um dos destinos mais disputados. Quando o Brasil decidiu enviar suas tropas para lá, eu tinha uma posição contrária a essa medida. Argumentava que até no romance de Graham Greene, *Os comediantes*, de 1966, já havia referências ao fracasso da presença estrangeira no Haiti. Acabara de ler um relatório de Régis Debray, feito para o Ministério das Relações Exteriores da França, em que ele enfatizava o cipoal das ONGs que trabalhavam no país, o abandono de estradas iniciadas com ajuda externa, a complexidade de trabalhar num país quase sem governo. Se os franceses tinham essa visão, se os americanos não conseguiram uma invasão exitosa, quem nos garantiria que o Brasil iria decifrar o enigma do Haiti?

O governo aprovou sem muita discussão o envio de tropas. Não havia, na verdade, grandes argumentos no plenário, apenas a orientação de votar na proposta do governo. Isso bastava.

Na primeira visita ao Haiti, comecei a mudar de ideia. O Brasil estava se saindo bem, pacificando o bairro de Bel Air, e iria agora abordar a maior favela de Porto Príncipe: Cité Soleil. Não houve grandes confrontos. Logo de início, os oficiais brasileiros perceberam que a população estava desamparada, perdida num oceano de lixo urbano. E passaram a prestar serviços de limpeza nas áreas que controlavam, partindo daí para a abertura de escolas e um convívio cordial com o povo.

Quando voltei ao Haiti, na eleição de René Préval, pude constatar que os avanços eram reais. Concluí que a presença do Brasil no país era positiva e que, se eu pudesse ter imaginado, retroativamente, esse processo, teria votado a favor do envio de tropas para lá.

A importância do Brasil no mundo estava aumentando. A prova disso eram as inúmeras delegações parlamentares que nos visitavam mostrando interesse por nossas posições. O interesse das delegações estrangeiras somou-se a uma crescente curiosidade de alunos dos cursos de política internacional, que às vezes passavam as manhãs escutando o debate.

Tudo isso também indicava as mudanças: o mundo estava cada vez mais no Brasil, nosso país cada vez mais no mundo. Trabalhar com temas que não rendem votos nem exposição na imprensa é um risco que nem todos se dispõem a correr. Eu já havia percebido que uma boa performance técnica nem sempre resulta em melhorias. Em 2002, vinha de bom mandato, tinha apresentado leis importantes como a que garante coquetel gratuito a pacientes com aids, relatara o Protocolo de Kyoto, dedicara-me ao projeto do Sistema Nacional de Unidades de Conservação. E fui o último da lista. Dormi achando que não dava para ser eleito e acordei com um desses milagres matemáticos nas eleições proporcionais. Somam-se os votos, as legendas, os restos de cada partido, enfim... Como não acompanhava em detalhes esses cálculos, para mim tratava-se de uma ajuda sobrenatural.

O segundo mandato de Lula representava o início do fim de minha vida como parlamentar. O que antes era difícil se tornara quase impossível. Fecharam-se muitos caminhos, não dava para continuar tentando encurtar o abismo que separa o Parlamento da opinião pública.

Consolidou-se uma aliança da esquerda triunfante com os políticos tradicionais e coronéis nordestinos. Os primeiros trouxeram uma justificativa teórica para o bloqueio das investigações perpetrado pelos segundos. Tudo é feito em nome de um projeto que distribui rendas e reduz desigualdades sociais. Os adversários são rapidamente engavetados no escaninho, com o rótulo de direitistas.

Para que as práticas tradicionais, sobretudo o desvio de dinheiro público para a própria conta bancária, se consolidassem, foi necessária também a paciente construção de uma nova língua. Isso aconteceu de forma caricata no livro de Orwell, *1984*. No Brasil, não foi muito diferente. Para justificar o dinheiro ilegal recebido de empresas e não registrado no Tribunal Eleitoral, traduziram a conhecida expressão "caixa dois" por "recursos não contabilizados".

A política externa não era o único espaço em que ainda podia me mover com alguma desenvoltura. Havia também a questão urbana, à qual me dediquei com mais intensidade depois de 2004, lançando o site Cidade Sustentável. Ele começou com uma compilação das alternativas sustentáveis postas em prática nas cidades do mundo. Eu considerava a dedicação ao tema urbano uma espécie de dívida do movimento ecológico. Nós nos concentramos em temas como a defesa da Amazônia e a questão nuclear, mas deixamos de lado os problemas das grandes cidades. O saneamento básico era um deles.

Os políticos do Rio dividiam-se, grosso modo, entre os que se dedicavam à questão nacional ou mesmo aos temas mundiais e os que cuidavam da cidade, entre os chamados cosmopolitas e os focados na questão local. Era uma divisão antiga e eu me encontrava no campo dos que tratavam das chamadas grandes questões do país. Não tinha intenção de me transferir de um campo para outro, mas de buscar um novo equilíbrio entre eles. Comecei a pensar seriamente em me candidatar à prefeitura do Rio, em 2008. Não fiz nada nesse sentido, exceto estudar um programa para a eventualidade.

Quando me tornei candidato por uma coligação de três partidos, PV, PSDB e PPS, tive a chance de discutir o programa com grupos de especialistas e senti, pela qualidade das discussões, que o caminho poderia ser mais generoso que a política nacional. Sobretudo porque se tratava de um cargo executivo, que me proporcionaria uma oportunidade mais vigorosa de mudar alguma coisa.

Estava aí o primeiro vínculo entre o local e o nacional. Como organizar um governo cujos membros sejam escolhidos pela capacidade e não apenas por indicação dos partidos políticos? Essa foi uma das primeiras teses que defendi. No princípio parecia ser uma discriminação ingênua contra políticos profissionais. Mas não era. A proposta previa a presença de políticos, desde que honestos e com competência específica para o cargo que ocupariam. Vencida essa pequena resistência, havia outra objeção consistente: é possível governar sem dividir os cargos entre partidos? Ao contrário das campanhas nacionais, essa despertava interesse real nas pessoas. Todas as noites eram dedicadas a debates em casas, os chamados comícios domésticos.

Era possível governar sem ratear o governo entre partidos. Eles estariam presentes, respeitados os critérios de honestidade e conhecimento. Os cargos de confiança seriam dramaticamente reduzidos e a transparência iria garantir um diálogo com a sociedade, de onde sairiam alguns dos principais colaboradores independentes. Havia nessa proposta uma expectativa de romper o nó que levava a política nacional ao divórcio com a realidade. Sempre se dizia, durante os escândalos, que era necessária uma reforma política. Mas os políticos não fazem facilmente uma reforma contra alguns de seus interesses.

"Reforma política" começou a ser usada como uma expressão mágica. Acossados por seus desmandos, os políticos aliviavam sua responsabilidade pessoal e remetiam a saída a uma reforma política que eles mesmos consideravam improvável.

À noite, comícios domésticos, durante o dia, rua. Eu ia a todos os lugares, inclusive morros dominados por homens com fuzis e metralhadoras. Às vezes, como na Vila Cruzeiro, no Complexo do Alemão, precisamos bater em retirada, pressentindo certa hostilidade. Nada verbal, apenas a passagem constante de homens em motocicletas que subiam e desciam com as metralhadoras apontadas. Os traficantes do Comando Vermelho, uma das facções que dominavam os morros, tinham uma câmera na entrada da Vila. Monitoravam nossos passos e, através de recados aos políticos que atuavam no lugar, solicitavam que restringíssemos nossos movimentos.

É sempre assim. Quando cedem a rua principal, querem o domínio total dos becos e ruelas. Desobedecemos por alguns minutos, mas o fluxo de motocicletas com metralhadoras nos indicou o caminho de volta.

Nosso grupo, em alguns momentos, não era acompanhado por jornalistas. Nossa equipe mais próxima era composta de um fotógrafo e um cinegrafista. Depois do assassinato do repórter da

Globo Tim Lopes, entre outros casos de violência, os jornalistas eram aconselhados a não subir em lugares dominados por grupos armados. Ao sairmos da Vila Cruzeiro, os traficantes ainda tentaram obter os cartões de memória das câmeras. Mas já estávamos praticamente no meio da rua. Saímos ilesos, com o material intacto.

Nesse particular, foi uma campanha muito perigosa. A nova geração de traficantes, adolescentes na maioria, parecia familiarizada com a arma, uma extensão do próprio braço. Adolescentes têm um certo pendor para a onipotência. Com algumas doses de cocaína e uma metralhadora, eram imprevisíveis.

Grande parte das áreas pobres visitadas não dispunha de saneamento básico. Era preciso também, acho eu, começar a romper um mito que paralisou os partidos tradicionais: como as obras de saneamento carecem de visibilidade, não dão retorno eleitoral. Era preciso enfrentar a suposição de que o governo não fazia nada só porque construía instalações subterrâneas. Era preciso não ter medo de perder as eleições, arriscar a carreira por uma tarefa essencial.

Na visão mais ampla, eu propunha que, ao lado do turismo, o Rio se apoiasse na produção do conhecimento. A cidade já tinha um bom número de mestres e doutores. Outros viriam, e além do mais as grandes empresas de petróleo também investiriam em pesquisas e tecnologia de ponta.

Um dos lugares que visitei foi a incubadora de empresas na Universidade Federal. Não me comprometia com cada um dos projetos em gestação na incubadora, mas a escolha era para indicar a importância que a inovação poderia representar em nosso futuro.

A campanha apresentava também uma divisão da cidade em áreas de desenvolvimento, cada uma estimulada com base em sua vocação. Usava muito como exemplo a região de Guaratiba, onde o grande paisagista Burle Marx tinha o seu sítio. Inspirados parcialmente por Burle Marx, que trouxera plantas de todo o mundo, muitos pequenos proprietários produziam plantas e flores. Ali, era evidente a chance de um polo de flores e plantas, articulado com o gastronômico, que já existia.

Campanhas não se reduzem ao componente racional. Há um desejo de mudança. Nem sempre é majoritário, mas aparece nas eleições do Rio. Os programas de governo se dirigem ao debate, ao desejo de aprofundar, de questionar se todas as promessas serão cumpridas. Poucas pessoas leem os programas, quase nenhuma os compara.

Era preciso, portanto, que o programa fosse traduzido em roteiros de TV, com o apoio de componentes emotivos da imagem e do som. Jamais teria feito isso com recursos eleitorais se não contasse, de ponta a ponta, com o apoio de artistas.

Como não havia dinheiro, cada detalhe da campanha dependia da boa vontade e, sobretudo, do talento de simpatizantes. A música, que fez um grande sucesso, surgiu quase como um milagre. Encontrei o publicitário Sérgio Campanelli em São Paulo e pedi sua ajuda. Sentamos num restaurante perto de sua agência, e eu lhe disse que não queria recorrer a sambas clássicos, que sempre animam as campanhas. Queria algo mais moderno, mais próximo da experiência urbana da juventude.

Campa, assim o chamávamos, escreveu no guardanapo: "Rio de Janeiro, Gabeira". Era um lembrete, talvez, para seu trabalho no dia seguinte. De repente, ele riscou o "Janeiro", e ficou apenas "Rio de Gabeira". "Com isso, sigo adiante", disse ele. Eu temia soar pretensioso. Mas os candidatos temem sempre alguma coisa. Campa afirmou que se tratava do Rio com que eu sonhava, não havia nada de arrogante naquilo.

Assim conseguimos iniciar o projeto da música. Eu precisava de uma foto, mas não tinha como pagar um bom fotógrafo. Lembramos de Luiz Tripolli, um velho conhecido. A mãe de Tripolli, assim como a de Campa, vivia no Rio. Eles tinham uma disposição afetiva de fazer bem à cidade.

Restavam dois importantes componentes: o site na internet e o programa de TV. Com a experiência de mais de uma década, a pequena equipe que me ajudava acabou encontrando o caminho. E o programa de TV não dava para resolver tudo imediatamente. Nas eleições anteriores, eu dispunha de quinze segundos, no máximo trinta. Agora seriam três minutos, o que para mim era como saltar de um conto para um romance do tamanho de *Guerra e paz*.

A grande novidade na internet foi poder reunir um número considerável de voluntários. Chegaram a ser 10 mil, no auge da campanha. Com a ajuda de um mediador, Fabiano Carnevale, eles trocavam informações e planejavam seu próprio trabalho. A dinâmica dos voluntários era autônoma e consistiu numa inovação, sobretudo porque as campanhas no Brasil estavam se reduzindo, nessa fase da democratização, ao trabalho remunerado de cabos eleitorais.

Não foi possível, em 2008, captar dinheiro pela internet. O Tribunal Superior Eleitoral ainda não estava preparado, embora a experiência nos Estados Unidos já fosse relativamente antiga. Ainda assim, muitas pessoas foram aos comitês levar dinheiro. Era comovente ver mulheres já idosas entregarem algumas notas dobradas aos representantes da campanha.

Com toda essa disposição popular e, nos bairros pobres da Zona Oeste, uma real expectativa de que o saneamento básico fosse levado a sério, a campanha cresceu a ponto de nos levar ao segundo turno. Quase vencemos no final. A diferença de 50 mil votos num universo de 5 milhões de eleitores foi muito pequena. Contribuiu para a vitória de Eduardo Paes o feriado decretado pelo governador. Com ele, muitos eleitores da classe média viajaram. Os funcionários públicos, que eram oposição ao governo, tiveram seus salários pagos na véspera do feriado, para que se animassem também a viajar.

Não creio que tenha sido essa a razão da derrota. Cometi alguns erros. Um deles foi conversar pelo telefone perto de jornalistas. Não tínhamos uma estrutura para garantir privacidade. Andávamos todos misturados, jornalistas e núcleo da campanha.

Numa das conversas, sobre a instalação de um aterro sanitário, afirmei que uma vereadora chamada Lucinha, importante na Zona Oeste, tinha uma visão suburbana. Queria me referir ao contexto metropolitano em que a questão do lixo deveria ser analisada. Os jornais divulgaram o que eu disse e foi o bastante para que os adversários fizessem um grande movimento em torno disso. Criaram uma camiseta com a inscrição: "Sou suburbano com muito orgulho", e insistiram nessa tecla para bloquear nosso avanço em algumas áreas da cidade.

Certamente incorri em outros erros, disse outras bobagens menos sensacionais. É muito difícil não errar numa campanha complexa. Não tínhamos estrutura nem para fiscalizar corretamente as eleições. Considero, entretanto, que houve um grande avanço político, porque a cidade mostrou que era capaz de adotar uma candidatura sem recursos para, através dela, sinalizar seu descontentamento e vontade de mudança.

Milhões de panfletos clandestinos contra mim foram distribuídos. Veado e maconheiro eram apenas as alegações mais conhecidas. Diziam também que eu era antirreligioso, que iria acabar com o feriado de Nossa Senhora Aparecida, e outras coisas mais. Saímos exaustos, mas com bastante confiança em que a vontade de mudar existe e no fim vai prevalecer.

Ainda me restavam dois anos de mandato parlamentar. Durante esse período aconteceu o episódio mais difícil da minha vida pública, que me valeu severas críticas. O episódio começou para mim após o enterro do meu irmão Paulo Sérgio, em Juiz de Fora.

Quando saí do cemitério, alguém me informou que havia um escândalo de passagens aéreas sendo denunciado nas emissoras de rádio. Um deputado do Nordeste teria dado passagens aéreas à namorada, uma apresentadora de TV.

O tema foi levantado pelo Congresso em Foco, um site dedicado à cobertura da atividade parlamentar, que divulgaria todas as viagens feitas com passagens de deputados. Percebi que havia algo grave no ar. Minha intuição era a de que se viajava muito. Quase todas as semanas havia gente chegando do exterior, sempre dos lugares interessantes ao turismo, Paris, Londres e Nova York.

Pessoalmente, tinha feito apenas duas viagens oficiais, e assim mesmo ao Haiti. Desde o início do mandato, percebia que as cotas de passagens sobravam no fim do mês. Chegava a devolver mais de 50 mil reais por ano em cotas de passagens. Além disso, muitas passagens Rio-Brasília foram economizadas porque eu fazia conferências em São Paulo com tíquetes dados pelos patrocinadores dos eventos. De São Paulo, com a passagem fornecida pelos mesmos patrocinadores, seguia para Brasília, deixando de gastar o trecho Rio-Brasília ao qual tinha direito semanalmente, para chegar ao lugar de trabalho.

O escândalo crescia. As pessoas estranhavam como num processo de desgaste tão profundo não surgia ninguém para iniciar uma reforma na própria Câmara. Onde estavam os deputados do grupo ético, que não se manifestavam? Apesar do momento de luto que eu vivia, decidi intervir. Mas como, se todos ou quase todos os deputados haviam utilizado passagens da Câmara?

Mesmo sabendo que estava dando um salto no escuro, resolvi antecipar minha volta a Brasília. Antes, liguei para o jornalista Josias de Souza e disse que dera uma passagem para minha filha e que precisava revelar isso antes de iniciar alguma reação contra o que a imprensa chamou de farra das passagens.

Não conseguia ficar calado, tampouco poderia tocar no

assunto sem antes reconhecer minha culpa. Fui bem cedo para a casa do presidente da Câmara, Michel Temer, também envolvido no escândalo. Ali, um pequeno grupo de líderes debatia o assunto. Propus novos critérios para o uso das passagens, que deveriam ser utilizadas agora apenas pelos deputados ou por funcionários em missão.

Enquanto discutíamos uma saída nos bastidores, a imprensa criticava e meu nome aparecia em todos os jornais e emissoras de TV. Críticas surgiram de todos os lados, algumas agressivas e, eu diria, talvez até injustas pelo seu tom. Foi muito duro atravessar aquela etapa. Neila, com quem vivia fazia mais de dez anos, teve um papel fundamental. Ela mantinha a casa silenciosa, monitorava a internet, controlava as ligações telefônicas, abrindo um espaço precioso para que eu me recuperasse da vergonha de ter errado e não perdesse o foco na batalha pela correção não só do meu erro, mas do erro da própria instituição.

Houve momentos dramáticos. Tinha prometido a mim mesmo que renunciaria ao mandato se não houvesse mudança. Disse isso a Temer e quase renunciei quando deputados que formavam um grupo numeroso afirmaram que aceitavam as novas regras mas queriam isenção para as famílias, sobretudo para as mulheres, que os acompanhavam em viagens. Felizmente nós os vencemos.

Confesso que apanhei muito. Crônicas, reportagens, comentários, piadas. Olhando para trás, creio ter aprendido uma lição na crise. Quando tive a impressão de que todos estavam contra mim, percebi que eu mesmo tinha de estar do meu lado.

Música, meditação, silêncio, tudo isso ajudou. Tenho a natação como hábito diário. Ela já tinha me ensinado alguma coisa. Sempre que havia um aborrecimento, alguma insinuação nos jornais, eu notava que nadar me ajudava a superar ressentimentos. Nos primeiros cem metros, você começa a achar que os críticos não são tão agressivos como parecem. Nos quatrocentos, mesmo achando que eles não têm razão, você começa a procurar algo na crítica que possa te ajudar. E no final termina quase agradecido. Talvez a produção de endorfinas nos torne mais tolerantes.

Muitos analistas concluíram o que desejavam concluir: todos são iguais, não há políticos honestos. Mas a verdade é que, depois desse escândalo, conseguimos mudar as regras e a Câmara passou a economizar 30 milhões de reais por ano, em passagens.

Devolvi o dinheiro da passagem que havia dado à minha filha, além dos créditos que ainda tinha. Nunca mais ninguém me perguntou sobre isso. Um jornalista chegou a dizer que estavam interessados em saber se eu tinha mesmo devolvido o dinheiro. Nunca mais falaram disso, nem checaram o desfecho.

Sobrevivi, e a oposição no Rio de Janeiro decidiu que meu nome era adequado para disputar as eleições de 2010 ao governo do estado. Havia cometido um erro, não era infalível. Mostrei, no entanto, ser capaz de reconhecer o erro, porque eu mesmo me antecipei e, sobretudo, tive energia para correr atrás da solução do problema.

Eram eleições praticamente perdidas. O governador disputava mais um cargo. Tinha milhões acumulados para a campanha, o apoio de quase todos os prefeitos do estado e a ajuda do governo federal. E eu considerava concluída, pelo menos naquela etapa histórica, minha passagem pelo Congresso. Queria dar uma contribuição final, mostrar que o Rio tinha oposição e apresentar algumas ideias novas sobre seu futuro.

Foi uma campanha difícil. Depois de tantas, já estava acostumado às dificuldades. As financeiras, por exemplo, são uma constante. Mas dessa vez a falta de dinheiro era acompanhada de algum constrangimento. Quando foi divulgado o primeiro balanço das campanhas, o governador já tinha 4,5 milhões de reais em caixa, enquanto eu dispunha de apenas 50 mil, emprestados pelo candidato a senador em nossa chapa, Marcelo Cerqueira.

Entre os que estimulavam minha campanha, estavam alguns líderes do PSDB, que lançaria um candidato à Presidência. Prometeram me ajudar, e algumas vezes viajei a São Paulo em busca de dinheiro. Procurei o candidato a presidente José Serra. Todos sabiam qual era minha missão, ou melhor, minha aflição: as equipes de televisão, as gráficas, a campanha, esperavam pagamento. Eram profissionais, tinham família e eu não suportava a ideia de deixá-los sem seus salários.

A certa altura, percebi que o próprio candidato presidencial estava sem recursos suficientes para si próprio. Não havia mais com quem contar. Reunida a equipe de televisão, comunicamos que os tempos seriam difíceis e que entenderíamos muito bem os que nos abandonassem. Apenas uma pessoa resolveu buscar outro emprego, porque certamente estava em grandes dificuldades. Os outros membros da equipe, liderada por Moacyr Goes, resolveram ficar.

Embora um pouco mais constrangedora que em outras épocas, por ter se tornado um tema na campanha, a falta de dinheiro não era o problema principal. De novo, a questão central era a velha dúvida sartriana de sujar ou não as mãos. Minha posição foi sempre a de mantê-las limpas o máximo de tempo e em todas as circunstâncias possíveis. No entanto, para liderar uma coligação, é preciso o mínimo de flexibilidade na política de alianças, especialmente quando o adversário é superpoderoso e não tem escrúpulos.

Não houve concordância sobre isso. Muitos discordaram da amplitude da coligação, que envolvia, dessa feita, PV-PPS, PSDB e DEM. Não queriam a presença deste último partido, sobretudo porque se opunham ao ex-prefeito Cesar Maia. Tentei explicar que, sem aquele partido, os outros debandariam e ficaríamos reduzidos a alguns segundos de propaganda na televisão. No fundo não esperava ganhar, mas aspirava liderar um bloco de toda a oposição, que, na verdade, mesmo somada ainda era muito débil.

Com pouco dinheiro e a má vontade de alguns aliados tradicionais, não tive opção exceto sair às ruas, viajar nos ônibus, trens e metrô, entrar de surpresa em hospitais, enfim, mostrar como no campo da saúde, do transporte e da educação o Rio ia muito mal, apesar da propaganda.

Foi uma eleição surrealista. O governo não tinha apenas o apoio da imprensa, seduzida pelos 450 milhões de reais gastos em publicidade. Contava com a simpatia, quase amor, de alguns juízes do Tribunal Eleitoral. Não chegaram a proibir as denúncias sobre a calamidade na saúde nem sobre a corrupção no setor. Entretanto, proibiram um programa em que o governador aparecia ao lado de líderes milicianos, num palanque eleitoral. As milícias são grupos paramilitares que matam, roubam e extorquem dinheiro da população mais pobre. "Fora do ar", decretaram.

Um programa em que o governador insultava um menino de favela que lhe fizera uma pergunta também ficou fora do ar. Por fim, quando denunciei, em 2010, a amizade suspeita entre o governador e o dono de uma construtora chamada Delta, que tinha inúmeros contratos com o estado, fui igualmente punido com censura e, como se não bastasse, multado.

Obtivemos cerca de 20% dos votos. Conseguimos, de certa forma, enfatizar a existência da corrupção na saúde, tema que se prolongou por toda a campanha. Minha tese é a de que a corrupção na saúde mata. Conseguimos também mostrar como é dura a vida dos trabalhadores que chegam a gastar quatro horas por dia indo e vindo do trabalho. Do jeito que as coisas caminhavam, as eleições aconteceriam sem confronto direto, sem que as diferentes opções de governo fossem discutidas.

Cumpri meu papel. Sofri mais uma derrota eleitoral, mas isso já era rotina. Entre o primeiro e o segundo turno, alguns políticos chegaram a cogitar do meu nome para ser vice do candidato José Serra. Não era possível legalmente. Além do mais, antes de conhecer a lei, recusei de coração. Já havia tido uma experiência sinistra, quando indicado para vice de Lula em 1998. Meu partido lançou uma candidata à Presidência, Marina Silva, a quem procurei ajudar, apesar da delicadeza da situação: eu era apoiado por dois candidatos à Presidência ao mesmo tempo.

Mas a principal razão da recusa era esta: normalmente, perde-se uma eleição de quatro em quatro anos; eu tinha perdido duas em apenas dois anos, e agora queriam que perdesse mais uma. Acabaria entrando no *Guinness* como o maior perdedor de eleições num curto espaço de tempo.

Chegara a hora de deixar a cena eleitoral, a política como profissão. Há muitas maneiras de contribuir com o país. Dos sonhos do século passado de acabar com a exploração do homem pelo homem, restaram apenas as ruínas do chamado socialismo real. Quanto às grandes esperanças de democratizar o Brasil, a partir dos anos 1990, obtivemos grandes avanços materiais, e o país é hoje a sexta economia do mundo. Foi um processo de crescimento com distribuição de renda. Mais uma razão de orgulho.

Como explicar então essa sensação de vazio que a vida política me transmitiu nos últimos anos de atuação? Concluo este capítulo, já distante do Parlamento, aos 71 anos, sem bens materiais e com algumas pequenas dívidas herdadas da campanha. Se alguém me perguntar se eu faria tudo de novo, eu responderia que não. Tenho pavor de cometer os mesmos erros. É hora de renová-los.

Epílogo

Acordo às cinco da manhã. Um galo canta no morro do Pavãozinho. Leio os jornais, tomo um rápido café e parto para o trabalho. Tudo isso se parece com minha chegada ao Rio, quando tinha dezoito anos, trabalhava no *Diário da Noite* e acordava antes de nascer o sol. Voltei ao jornalismo. Não é uma operação fácil. Muita coisa mudou, e quase todos os jornais e revistas foram atingidos pela internet.

Recomecei fazendo reportagens, texto e fotos. Mas é um campo limitado para mim. Felizmente, minha câmera fotográfica foi a primeira do gênero a colher também imagens em movimento. No princípio, escrevia, fotografava, editava as fotos e enviava imagens para, eventualmente, fazer o que chamamos de um stand-up na TV do portal jornalístico. Nossa produtividade cresceu e com ela também cresceu o trabalho.

Aos poucos, vou me deslocando para a produção de documentários, preparando o roteiro, filmando e apresentando o material. Preciso de ajuda na edição, animação, ilustração. Mas há gente boa que se dispõe a trabalhar comigo, quando houver a oportunidade.

Tenho apanhado muito na passagem de uma linguagem para outra, das fotos fixas para a imagem em movimento. Dedico todos os fins de semana ao aprendizado solitário e, às vezes, divulgo um ou outro vídeo na televisão. Sofro um pouco porque minhas expectativas são maiores que a capacidade de traduzi-las em imagens. É assim com todo idioma que se aprende.

Quando volto do trabalho pilotando a motoneta, depois de gravar meu comentário para o jornal matinal, o sol já nasceu e banha a Lagoa Rodrigo de Freitas. Escrevo textos para o blog, fotografo pássaros, pescadores, o que acontece nas margens da Lagoa. E continuo atento à política. É sobre ela que escrevo todos os dias. Publico dois artigos por mês no *Estado de S. Paulo*; de um modo geral, críticas ao cinismo que tomou conta da política brasileira.

Sinto que é preciso olhar um pouco mais longe. Foi assim na década de 1970, quando me aproximei das teses ecológicas. A novidade pode estar em toda parte, mas suspeito que a internet seja uma nova referência para o próximo passo. Não me refiro apenas ao seu poder como instrumento de troca de ideias, mas também ao potencial que sua presença tem para suscitar novos temas políticos: liberdade de expressão e democratização do acesso ao conhecimento. Surgiu um Partido Pirata na Alemanha, já como reflexo dos novos tempos. Sua bandeira é o acesso livre às informações na rede.

A crise da política é quase universal. Todos se debruçam sobre ela em busca de um ar mais respirável. Bruno Latour e Peter Weibel reuniram pensadores de todo o mundo no livro *Making Things Public — Atmospheres of Democracy*. São 1072 páginas com novas ideias. No entanto, nenhuma delas traz algum alívio imediato para o Brasil, que cresce e distribui renda, num clima de degradação dos dirigentes políticos. Latour afirma, na introdução do livro, que o momento político às vezes se parece com aqueles dias em que as previsões meteorológicas são tão sombrias que a melhor escolha é ficar em casa.

Não é isso que acontece quando a crise econômica se agrava. No caso brasileiro, crescimento e distribuição de renda geraram um sentimento de satisfação que não esmorece nem diante do cinismo dos políticos e dos escândalos constantes envolvendo desvio de dinheiro público.

É o preço a pagar, dizem alguns. Não creio que deveríamos pagar nenhum preço desse tipo. Mas aprendi, ao longo de todas as jornadas, que é preciso ter paciência com a mudança das condições históricas. As eleições majoritárias que disputei revelaram também como é importante distinguir o que se pensa do que é passível de ser aprovado como resposta a uma aspiração de grandes setores do povo.

Consegui o que sempre me pareceu o lugar exato para participar dessas mudanças. Ganho minha vida no jornalismo e me dedico às questões políticas, sem salário ou estrutura estatal. Muita gente na rua me pergunta por que decidi me ausentar das eleições. Tento explicar que o processo de degradação chegou a um ponto que se tornou difícil, quase impossível, combatê-lo por dentro.

As pessoas reconhecem a coragem de alguns atores isolados. Mas lamentam sua incapacidade de alterar o quadro. Felizmente estamos numa corrida de longo alcance e os papéis históricos serão julgados no fim do percurso. É preciso aprender com os tuaregues a atravessar o deserto apenas com um copo d'água. Foi assim no exílio e, às vezes, acho que será sempre assim, mesmo sob o confortável teto da democracia.

Nos informes dos comunistas, no século passado, havia sempre uma frase que dizia: "A realidade confirmou nossas análises". Comigo foi diferente. A realidade quase sempre me escapou, mas não desistirei de me reconciliar com ela. Nem de ajudar a mudá-la quando possível. Espero não me bater contra moinhos de vento. Mas não posso dar nenhuma garantia. A realidade é móvel como pluma ao vento.

ESTA OBRA FOI COMPOSTA PELA SPRESS EM MINION E IMPRESSA EM OFSETE
PELA RR DONNELLEY SOBRE PAPEL PÓLEN SOFT DA SUZANO PAPEL E CELULOSE
PARA A EDITORA SCHWARCZ EM NOVEMBRO DE 2012